MGR AFFRE,

ARCHEVÊQUE DE PARIS.

ESQUISSE BIOGRAPHIQUE

PAR

HENRY DE RIANCEY.

Ouvrage orné de Vignettes.

PRIX : 1 FRANC.

PARIS,

LIBRAIRIE DES LIVRES LITURGIQUES ILLUSTRÉS

DE PLON FRÈRES,

RUE DE VAUGIRARD, 36.

1848

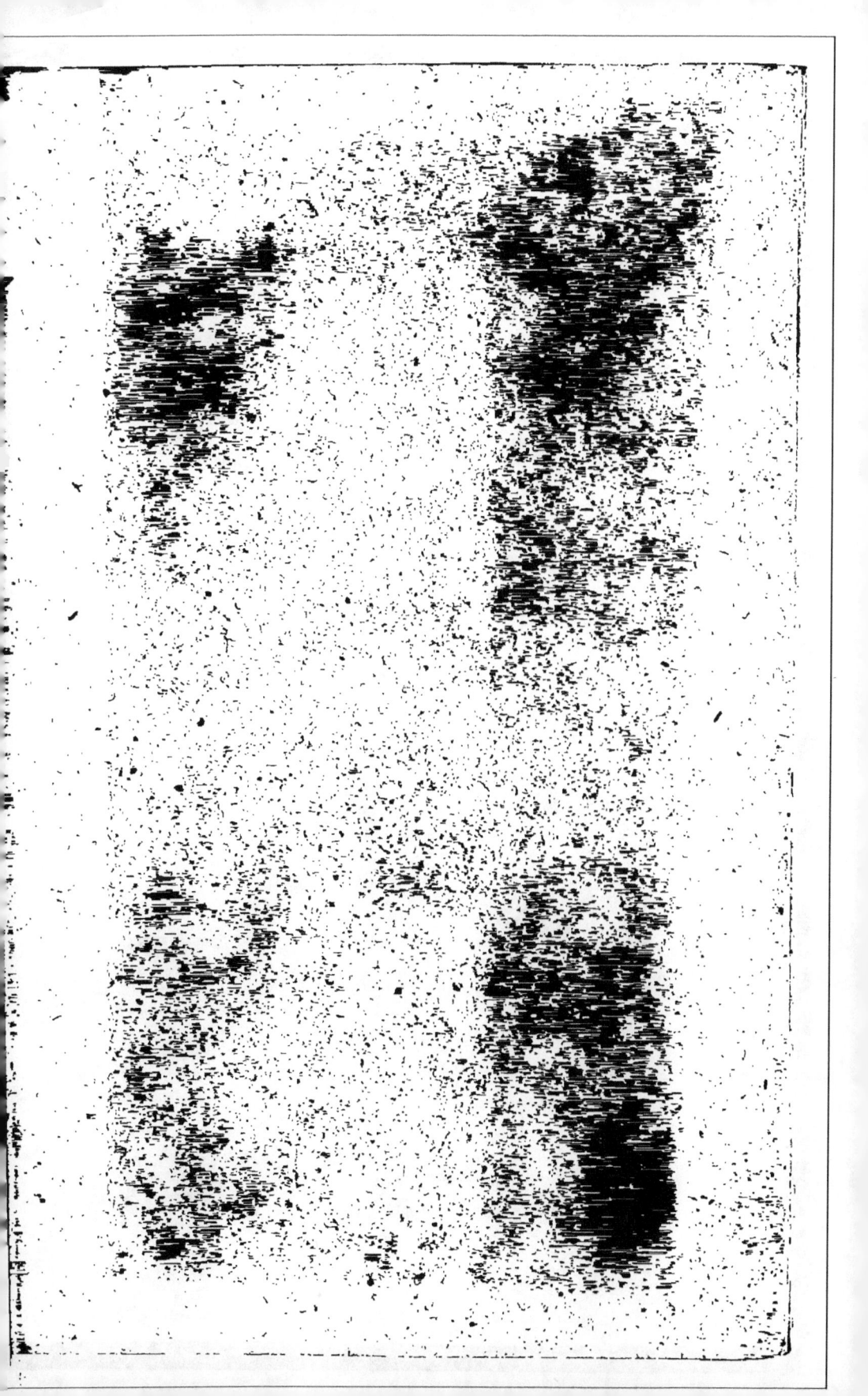

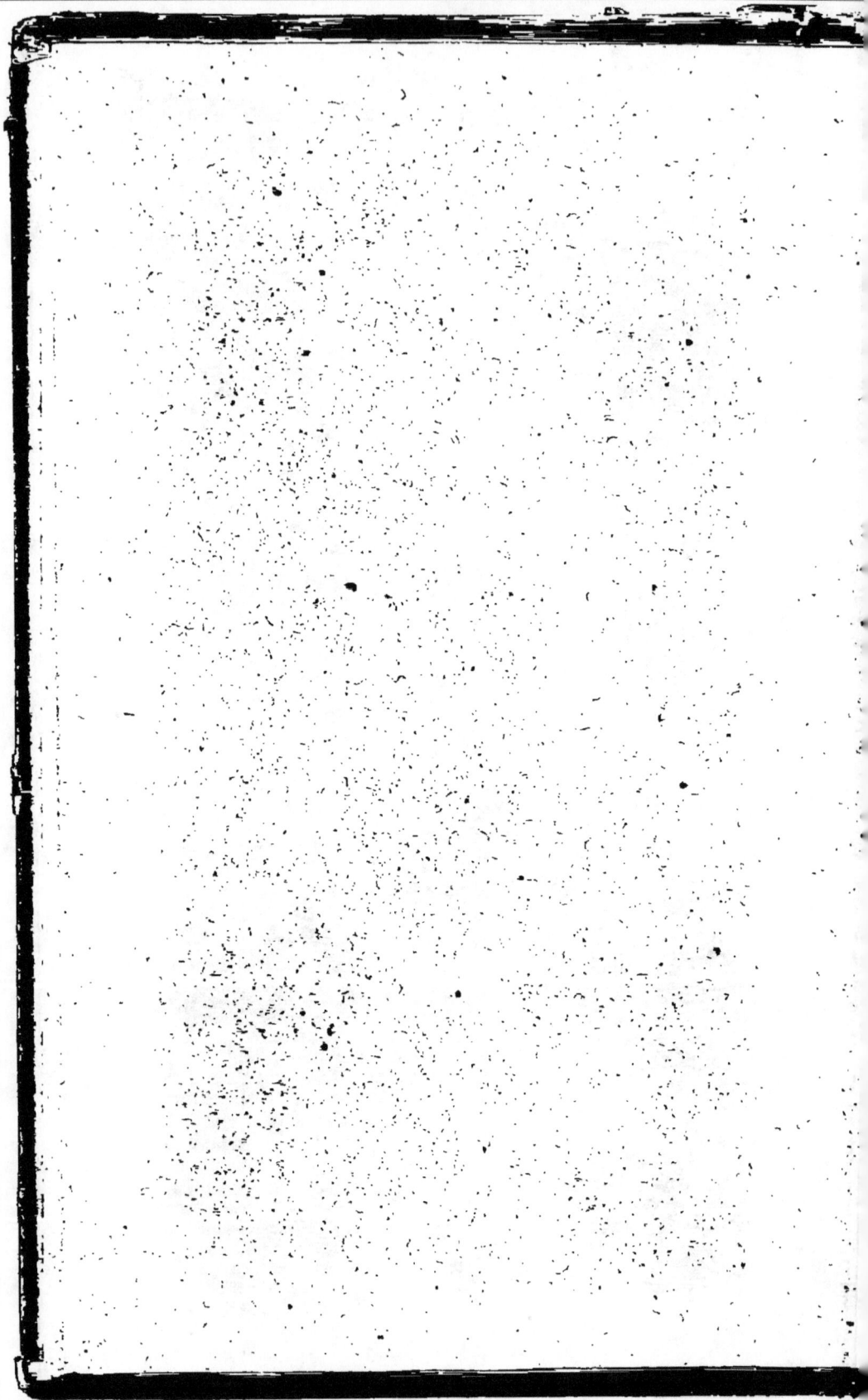

MGR AFFRE,

ARCHEVÊQUE DE PARIS.

ESQUISSE BIOGRAPHIQUE.

Ouvrages de MM. Henry et Charles de Riancey.

Histoire du Monde, depuis la création jusqu'à nos jours, par Henry
et Charles de Riancey. 4 forts vol. in-8°, 600 p.   16 fr.

Histoire résumée du moyen âge, par les mêmes. 1 vol. in-18.
                                                        1 fr. 75 c.

*Histoire critique et législative de la liberté d'enseignement et de
l'instruction publique en France*, depuis les temps les plus re-
culés jusqu'en 1844, par Henry de Riancey. 2 vol. in-8°.   10 fr.

Les Méditations de la vie du Christ, traduites de saint Bonaven-
ture, avec le texte latin, par Henry de Riancey. 2 v. in-12.   6 fr.

Procès de M. l'abbé Combalot, plaidoirie de M. Henry de Riancey.
2e édit., 1 vol. in-8°.   1 fr.

Lettre à M. Dupin sur l'Eloge d'Etienne Pasquier, par Henry de
Riancey. 2e édit., in-8°.   50 c.

La Loi et les Jésuites, par Henry de Riancey. 2e édit., in-8°.   1 fr.

Procès de M. Souchet, plaidoirie de M. Henry de Riancey. In-18·
                                                             60 c.

La Liberté d'enseignement devant la Cour de cassation, par Henry
de Riancey. In-18.   60 c.

Du Jésuitisme, par Ch. de Riancey. In-18.   75 c.

Du Pétitionnement, par un pétitionnaire (Ch. de Riancey). In-18.
                                                             50 c.

Du Droit électoral, de ses conditions et de ses garanties, par Ch.
de Riancey. In-18.   60 c.

Situation religieuse de l'Algérie, par Ch. de Riancey. In-18.   25 c.

Du Renouvellement des pétitions pour la liberté de l'enseignement,
par Ch. de Riancey. In-18.   50 c.

   (Plusieurs de ces brochures ont été publiées par le Comité
pour la défense de la liberté religieuse.)

   Le *Recueil des Actes épiscopaux*, publié par le même Comité, a
été mis en ordre par M. Henry de Riancey, secrétaire du Comité.
4 vol. in-18.   4 fr. 50 c.

PARIS. — TYPOGRAPHIE PLON FRÈRES,

RUE DE VAUGIRARD, 36.

MONSEIGNEUR DENIS-AUGUSTE AFFRE,

ARCHEVÊQUE DE PARIS.

MGR AFFRE,

ARCHEVÊQUE DE PARIS.

ESQUISSE BIOGRAPHIQUE

PAR

HENRY DE RIANCEY.

PARIS,

A LA LIBRAIRIE DES LIVRES LITURGIQUES ILLUSTRÉS

DE PLON FRÈRES,

RUE DE VAUGIRARD, 36.

1848

INTRODUCTION.

Je dois le déclarer au début de ce petit écrit : je ne prends la plume qu'en tremblant et avec la conscience de mon indignité.

J'entreprends, en effet, de raconter en quelques pages une vie qui demanderait un long détail et un récit circonstancié. Je n'ai pas, je le sais, les qualités qu'il faudrait pour demeurer à la hauteur du sujet et au niveau de l'attente du public; l'espace me manque autant que le talent.

Je n'ai cédé, je l'avoue, qu'à deux sentiments : le premier, c'est le désir sincère de rendre à la mémoire du saint Archevêque de Paris un témoignage de la vénération filiale que je devais aux bontés toutes particulières dont il m'a honoré durant sa vie, et de m'associer (1), pour le peu qui était en moi,

(1) L'éditeur de cet opuscule, M. Plon, m'avait communi-

aux tributs universels de reconnaissance et de gloire que Paris, la France et la catholicité entière s'empressent de payer à son héroïsme et à son martyre. C'est par l'intention et par le cœur que l'Église juge les offrandes, et elle accueille le denier du pauvre comme le trésor du riche.

En second lieu j'ai pensé que, si des circonstances spéciales me permettaient de recueillir des renseignements précis, c'était un devoir pour moi de les faire connaître, et de répondre ainsi à la juste avidité des chrétiens en ne leur présentant que des faits certains et dont la vérité et l'authenticité fussent au-dessus de toute contestation. Et ici je dois rendre de publiques actions de grâces aux ecclésiastiques qui approchaient de plus près l'illustre prélat, et qui ont bien voulu me procurer les documents dont ils pouvaient disposer; à Messieurs de Saint-Sulpice, les maîtres, les condisciples, les amis de celui qui, élevé dans leur pieux asile, a

qué la même pensée. Il a eu à cœur de montrer sa gratitude pour la bienveillance que Monseigneur Affre lui avait témoignée en lui confiant l'impression de son Catéchisme diocésain et le privilége de la publication des livres liturgiques illustrés.

toujours gardé pour eux la plus sincère affection ; aux diverses personnes enfin, prêtres et laïques, qui m'ont assisté de leurs conseils et de leurs lumières.

Borné aux étroites limites d'une publication sommaire (1), j'ai dû rassembler seulement les faits principaux, et j'ai tenté de les exposer avec une grande simplicité. Devant retracer une vie dont tout est marqué à ce caractère, devant raconter une mort où cette simplicité héroïque brille encore avec une majesté souveraine ; c'était une loi pour moi de laisser aux événements leur éloquence et de n'y ajouter d'autres ornements que la concision et l'exactitude. J'ai donc essayé d'être bref et d'être vrai : toute mon ambition serait d'y avoir réussi.

(1) Je réserve des études plus approfondies et des détails plus complets pour une publication plus étendue dont j'ai déjà rassemblé presque tous les matériaux, et qui pourra un jour paraître sous ce titre : *Essai sur la vie, les travaux et la mort de Monseigneur Affre, Archevêque de Paris.* Je saisis l'occasion de prier ici tous les fidèles qui connaîtraient quelques détails de la vie et de la mort de notre saint Pontife, ou qui remarqueraient dans le présent écrit des erreurs et des lacunes, de vouloir bien m'en avertir. Je profiterai avec reconnaissance de leurs observations.

1.

J'ai divisé mon travail en trois parties, comme le sujet lui-même l'indiquait.

J'ai montré M. Affre avant son élévation à l'épiscopat, se consacrant à l'étude, à l'administration et aux lettres.

J'ai rappelé les principales circonstances des huit années pendant lesquelles il a gouverné le vaste diocèse de Paris; et j'espère n'avoir oublié aucun des faits qui témoignent de son zèle apostolique pour la doctrine sacrée, de son amour pour les pauvres, de sa vigilance dans le maintien de la discipline, et de son admirable courage en face des puissances de la terre.

Enfin, j'ai recueilli avec le soin le plus scrupuleux les détails de son sublime dévouement, de son agonie et de son martyre; et j'y ai joint, avec le souvenir des honneurs funèbres rendus par la patrie et par l'Église à sa mort héroïque, quelques-unes des marques les plus saillantes de la vénération publique et particulière.

Pour cette dernière partie, je n'ai eu, en quelque sorte, qu'à reproduire le récit admirable que le compagnon et le témoin de ce sacrifice a rédigé, et qui est le plus touchant et le plus noble monument élevé à la victime. J'ai eu le bonheur d'y ajouter des renseignements émanés de sources certaines, et j'ai terminé par le détail des cérémonies dont tout Paris a été témoin.

Les deux autres parties m'offraient des difficultés de plus d'un genre. Quant aux premières années de M. Affre, sa famille et ses amis m'ont puissamment aidé. J'ai trouvé dans la mémoire reconnaissante des fidèles d'Amiens, le résumé de ses actes comme grand-vicaire. Ses livres me l'ont montré comme écrivain. J'aurais voulu pouvoir en donner une analyse plus complète : mon cadre ne la comportait pas, et j'ai tâché, par des citations et un rapide aperçu, de suppléer à cette lacune.

Je dois le dire à ce propos : l'engagement que j'ai pris de respecter en tout la vérité m'a obligé à exprimer sur quelques-unes des opinions de Monseigneur Affre ma façon de penser avec la plus respectueuse mais la plus entière franchise; absolument comme il me permettait de le faire devant lui, dans les entretiens que sa bonté prolongeait si souvent avec moi. Le lecteur voudra bien n'y voir qu'une liberté consciencieuse; et d'ailleurs ces quelques ombres jetées sur le tableau n'en font que mieux ressortir la sincérité.

J'ose même appliquer ces réflexions à certaines des idées et à quelques actes de l'épiscopat de notre illustre pontife; me hâtant de reconnaître, à sa gloire, que si son esprit put parfois être prévenu, jamais son cœur ne participa à ces erreurs involontaires.

Quant à l'administration diocésaine, je l'ai dit et je le répète : une plume laïque est parfaitement incompétente pour l'apprécier autrement qu'en citant les documents publics.

D'ailleurs, pour ce point comme pour d'autres, il s'agit de personnes encore vivantes et dignes de la plus grave considération; il s'agit d'affaires encore pendantes, et la réserve est une nécessité autant qu'un devoir. Enfin la confiance même que, dans des épanchements dont je ne perdrai jamais le souvenir, Monseigneur Affre daignait m'accorder, m'impose plus qu'à tout autre la loi de la discrétion.

Voilà, je les expose sans détour, les pensées qui m'ont inspiré pour la composition de ce petit écrit.

Comment pourrais-je exprimer maintenant l'indéfinissable sentiment de douleur et de joie, de chagrin, de reconnaissance et d'amour qui remuait mon âme et faisait à chaque instant monter les larmes à mes yeux, pendant que je retraçais les augustes scènes du dévouement et de la mort de notre bien-aimé pasteur ? Que de fois j'ai dû prendre, en quelque sorte, mon cœur à deux mains et contenir l'explosion de son enthousiasme ! Mais, là encore, plus l'entraînement était grand, plus j'ai dû y résister. J'ai laissé aux actes du martyr leur majesté toute nue.

Puisse cet écrit, exclusivement consacré à la gloire de Dieu et de son illustre serviteur, être accueilli avec indulgence par mes frères, à qui je l'offre en sollicitant un souvenir dans leurs prières !

Passy, le 25 juillet 1848,
en la fête de Saint-Jacques, apôtre.

MGR AFFRE,

ARCHEVÊQUE DE PARIS.

- - --

ESQUISSE BIOGRAPHIQUE.

PREMIÈRE PARTIE.

- -

Il se rencontre de temps à autre, à travers les âges, des âmes d'élite que Dieu se réserve et en qui il se plaît à faire éclater soudainement sa force et sa grandeur. On dirait que sa Providence aime à les former de longue main et à les élever dans l'ombre, loin des regards et de l'attente du monde. Elle leur laisse les épreuves et les imperfections de notre nature; mais elle les trempe avec une vigueur extraordinaire, pour les faire apparaître, au jour marqué, dans une splendeur inouïe, et pour les couronner d'une gloire au-dessus de toute expression humaine.

Monseigneur l'Archevêque de Paris était une de ces natures prédestinées. Sa vie fut humble, ses travaux modestes, presque méconnus; sa mort fut sublime et sainte, et elle l'entoura immédiatement d'une auréole si brillante que le reflet, en illuminant

des qualités ignorées, fait taire même la critique et
ne laisse place qu'à l'admiration, à l'enthousiasme
et à l'amour !

I.

Enfance et éducation de Denis-Auguste Affre.

C'est au milieu des sanglantes émotions de la Terreur, le septième jour de la seconde année républicaine (28 septembre 1793) (1), et presque à l'anni-
versaire du massacre des Carmes (2), que naquit, à
Saint-Rome-de-Tarn, humble village du Rouergue,
l'enfant qui devait s'asseoir sur le siége de saint
Denis, conserver le sanctuaire de la maison des
martyrs, et mourir lui-même, à l'entrée d'une nouvelle ère républicaine, victime de la foi, de la paix
et de la charité.

Denis-Auguste AFFRE appartenait à une de ces familles patriarcales où la vertu, le courage et la piété

(1) L'Église de Paris fête en ce jour l'un de ses saints évêques, saint Céran, dont elle loue le zèle pour les études sacrées
et pour la gloire des martyrs : « *Scripturæ sanctæ lectioni et
meditationi ex eo fonte doctrinam hausit, qua plebem sibi cre-
ditam institueret. Sanctorum martyrum studio et amore incen-
sus...* » Saint-Céran (*Ceraunus*) vivait au 8ᵉ siècle, sous Clo-
taire II et Dagobert.

(2) Ce massacre avait eu lieu le 2 septembre 1792.

sont héréditaires. Entourés de la considération et des respects de tous, alliés aux maisons les plus honorables de la province (1), ses parents, qui avaient cherché dans la vie des champs un refuge et un abri, auraient pu légitimement avoir quelque prétention de noblesse; et, si nous en parlons, c'est uniquement pour faire ressortir la sincère humilité du Prélat, qui, loin d'en tirer vanité, se plaisait à rappeler l'obscurité de son origine. Regardant un jour les portraits des Archevêques de Paris et les titres sans nombre dont ils étaient revêtus, il s'écria : « Que diraient mes illustres prédécesseurs s'ils revenaient en ce monde et qu'ils vissent leur trône occupé par un bourgeois de Rouergue? » « Nous n'avons, ajoutait-il dans son Mandement de prise de possession (2), nous n'avons rien de ce qui peut en imposer à l'opinion.... Notre nom est sans éclat et nous pouvons dire, comme le premier roi des Hébreux, que notre tribu est une des plus petites en Israël, et que notre père n'est point un des grands de sa tribu (3). »

(1) Notamment à M. Clausel de Coussergues, ancien député, à Monseigneur Clausel de Montals, Évêque de Chartres, à Monseigneur Frayssinous, Évêque d'Hermopolis, etc. Un frère de Monseigneur l'Archevêque de Paris, M. Affre, est représentant du peuple.

(2) Page 5.

(3) La famille de M. Affre portait cependant avant la révolution de 1789 le nom de la terre de *Saint-Rome*, qui lui ap-

Les premières années du jeune Denis-Auguste se passèrent dans la paix sévère et dans la douce retraite du foyer domestique. Son père et sa mère l'élevèrent dans les traditions de l'antique respect et dans l'amour de cette religion sainte qui souffrait alors de si cruelles persécutions. Ces leçons intimes, cette vie cachée, l'admirable et agreste nature qui l'environnait, firent une impression profonde sur son âme. Naturellement grave et méditatif, son caractère prit, dès l'enfance, une vive tendance vers la piété; et plus tard il aimait à se reporter aux naïfs souvenirs de ses jeunes années. Il y avait près de son lieu natal une pauvre paroisse, située au sommet d'une montagne, où il se retirait pour prier; et souvent, parmi les honneurs et les fatigues de l'épiscopat, il répétait qu'il avait toujours envié, comme le suprême bonheur, d'être le pasteur de cette Église connue de Dieu seul et de quelques pauvres pâtres de la vallée.

Parvenu à l'adolescence, Denis - Auguste fut envoyé au collége de Sainte-Affrique, où il fit son cours

partenait. Elle avait également des armoiries. L'humble prêtre n'avait jamais songé à en faire usage. Quand il fut promu à l'épiscopat, il s'en souvint. Plutôt que d'adopter des armes de fantaisie, il se résolut à reprendre celles de son père. Elles portent d'azur au dauphin nageant sur une mer d'argent et au chef de gueules chargé de trois étoiles d'argent.

d'études, moins la rhétorique toutefois. Il en plai-
santait lui-même ; et, quand il recevait quelques
félicitations sur ses écrits : « Je n'ai pourtant pas
fait de rhétorique ! » reprenait-il en souriant.

II.

M. Affre au séminaire Saint-Sulpice. — Il professe la philosophie à Nantes et la théologie à Issy.

Cependant, après ses douloureuses agitations,
la France commençait à respirer. La main victo-
rieuse du premier Consul avait rouvert les temples.
Les membres dispersés de la Compagnie de Saint-
Sulpice s'étaient réunis à l'appel du vénérable
M. Émery. Parmi les maîtres du séminaire recon-
stitué (1) se trouvaient MM. Boyer et Frayssinous ;
neveu du premier et parent du second, l'élève de
Sainte-Affrique fut appelé par eux à Saint-Sulpice :
il avait à peine quinze ans quand il y entra. C'était
le plus jeune des disciples de cette illustre maison,
qui a fourni aux Églises de France tant de pieux
pontifes et de saints prêtres.

Sous l'habile direction de son vénérable oncle,
Denis-Auguste vit son intelligence se développer
avec rapidité, et sa vocation au sacerdoce se déter-
mina irrévocablement.

(1) En 1800.

Indépendamment des travaux de la science sacrée, il se livrait avec entraînement à l'étude des grands modèles de l'art littéraire. Bossuet, Pascal, Racine, Virgile le captivaient ; et longtemps après, sous les ombrages de Saint - Germain (1), il trouvait un charme infini à réciter de mémoire des extraits considérables qu'il avait retenus de leurs œuvres.

A la mort de M. Émery (2), le jeune séminariste lui paya un juste tribut de reconnaissance en composant son oraison funèbre. Ce discours fut l'objet d'une distinction toute particulière : le nouveau supérieur, M. Duclaux, le jugea digne d'être lu en présence de la communauté entière. Nous avons en vain recherché ce premier essai de notre pieux Pontife (3). Il emprunte au temps et au sujet une importance toute particulière. On sait, et l'Église l'a enregistré avec gloire dans ses fastes, quel indomptable courage M. Émery déploya pour la défense des

(1) Monseigneur Affre avait acquis une petite maison de campagne à Saint–Germain–en–Laye. Il y passait la plus grande partie de l'été. Il y composa la plupart de ses Instructions et de ses Mandements.

(2) 28 avril 1811.

(3) Le vénérable abbé Gosselin, dont toute la France catholique connaît et admire le beau livre sur le *Pouvoir des Papes au moyen âge*, a bien voulu nous fournir de précieux renseignements ; il n'a pu retrouver dans les archives de la *Solitude* l'oraison funèbre que nous désirions si vivement connaître.

droits de la religion, et avec quelle fermeté il résista
en face au soldat couronné devant qui tremblait
l'Europe. Ce côté de la vie de M. Émery aura cer-
tainement été célébré avec prédilection par celui qui
devait retracer dans sa propre conduite cette énergie apostolique.

Peu de temps après, un nouvel orage se déchaî-
nait contre l'Église. Le Pape était captif à Fontaine-
bleau, et la colère de l'Empereur, frappant sur
tout ce qui demeurait fidèle au vicaire de Jésus-
Christ, dispersait la communauté de Saint-Sulpice.
On vit alors un spectacle touchant : tandis que la
main paternelle de M. Jalabert sauvait le grand séminaire en en prenant le gouvernement, les élèves
eux-mêmes furent choisis pour directeurs et pour professeurs de la maison; c'était continuer l'esprit en
cédant devant la tempête. M. Affre demeura sous la
discipline de ses anciens condisciples, et ne les
quitta que trois mois pour se rendre au séminaire
de Clermont, que dirigeait alors M. Molin, ancien
docteur de Sorbonne et depuis Évêque de Viviers. Il
était à Paris à la rentrée des Bourbons.

En 1816, quoiqu'il n'eût pas encore reçu tous les
ordres sacrés, — il n'avait que 23 ans, — il fut
envoyé à Nantes comme professeur de philosophie.
C'est pendant son séjour dans cette ville qu'il prit
pour les études philosophiques ce goût prononcé

dont les préoccupations de la charge pastorale ne le détournèrent même pas. Il vivait au milieu des livres et travaillait avec une ardeur inouïe. C'est là qu'il puisa le style clair et ferme, la logique nette et pressante, le jugement droit et pénétrant qu'on retrouve dans ses divers écrits. La tendance dogmatique de son esprit le portait à ces méditations. Il était d'ailleurs de cette race d'hommes sérieux et opiniâtres que M. Frayssinous dépeignait si bien en disant : « L'Aveyronnais est un peu âpre, mais il a un grand fonds de raison : le métal est bon ; mais s'il est peu ductile, il est aussi très-dur. » Avec des intelligences de cette trempe, on fait des penseurs : M. de Bonald, M. d'Hermopolis, M. Affre en sont la preuve (1).

Mais le temps approchait où le diacre devait recevoir la prêtrise. L'abbé Affre revint à Paris pour s'y préparer : il fut ordonné le 16 mai 1818. Aussitôt après, il se retira au noviciat d'Issy pour entrer ensuite dans la Société de Saint-Sulpice. C'est alors

(1) Il est remarquable que le département de l'Aveyron, et notamment l'arrondissement de Milhau, ont fourni de nos jours à l'épiscopat en France un grand nombre de ses plus illustres prélats : nous rappellerons S. Em. le cardinal de Bonald, Nosseigneurs Clausel de Montals, évêque de Chartres; de Vésins, évêque d'Agen; Lacroix, évêque de Bayonne; de Saunhac–Belcastel, évêque de Perpignan; feus Nosseigneurs de Saint-Rome–Gualy, évêque de Carcassonne; de Frayssinous, évêqu d'Hermopolis, etc.

qu'il fut appelé à professer à Issy même la théologie, fonctions qu'il remplit pendant deux ans.

III.

M. l'abbé Affre vicaire-général de Luçon et d'Amiens.

Durant cet espace de temps, la *Solitude* d'Issy avait donné l'hospitalité à deux Évêques récemment élus, qui y attendaient l'expédition de leurs bulles : c'était Monseigneur Brumauld de Beauregard, évêque d'Orléans, et Monseigneur Soyer, Évêque de Luçon. Le séjour de près d'une année que fit ce dernier prélat parmi les prêtres de Saint-Sulpice, lui permit d'apprécier les qualités remarquables de l'abbé Affre : il lui offrit des lettres de vicaire-général. La santé de M. Affre, qui, malgré son apparence assez robuste, souffrait de violentes douleurs d'estomac, le forçait à quitter la communauté. Il accepta, et de 1820 à 1822 il prit part au gouvernement du diocèse de Luçon.

En 1822, Monseigneur de Chabons, Évêque d'Amiens, l'appela près de lui en qualité de grand-vicaire. C'est dans ce diocèse que l'abbé Affre fit sa plus longue résidence continue : il y demeura près de douze années.

Cette période va nous le montrer sous un nouveau jour. Sa vie, jusque-là presque nomade, se fixe;

2

ses penchants se décident ; son temps se partage entre les soins impérieux et modestes de l'administration et les laborieux délassements du droit et des
lettres.

M. Affre ne savait rien faire à demi : quand il
voyait un devoir devant lui, il l'embrassait avec une
passion raisonnée et indomptable, et il l'accomplis-
sait sans se détourner ni se lasser jamais. A Luçon,
il avait déjà pu apprécier les difficultés attachées à
la régie d'un diocèse. A Amiens, investi de la confiance absolue du vénérable Évêque, à qui les infir-
mités interdirent bientôt la plupart des obligations
pastorales, il eut à supporter, de concert avec
M. l'abbé Crémery, tout le fardeau de cette charge
redoutable aux Anges mêmes. Il s'y consacra avec
une abnégation et un zèle infatigables.

L'étude approfondie de la législation civile dans
ses rapports avec les droits et les intérêts ecclésiastiques, la sollicitude pour les écoles, l'amour et le
maintien exact de la discipline, le développement
des institutions qui font la vie du clergé, absorbaient
la meilleure partie de son activité.

Nous voudrions pouvoir suivre ici le vicaire-général dans les veilles fécondes de son administration,
dans ses courses multipliées à travers le diocèse, dans
ses instructions, dans ses démarches, dans tous les
actes de sa vigilance. Nous voudrions le montrer visi-

tant plus de sept cents paroisses, réparant les ruines de plusieurs, obtenant la restitution d'une multitude de dons et de legs pieux ; élevant ensuite ses vues sur l'ensemble du clergé, rétablissant les retraites pastorales, les synodes, les conférences ; créant une caisse de secours pour les prêtres âgés et infirmes, ces invalides de la milice sacrée que la vieillesse et la maladie surprennent trop souvent sans appui et sans refuge. Nous voudrions retracer la sévérité de ses mœurs, son énergie pour conserver les lois disciplinaires de l'Église, son attention à discerner les qualités de chaque prêtre et à lui confier le poste où il pouvait rendre les services les plus efficaces. Qu'il nous suffise de faire appel aux souvenirs si précieux et si honorables que M. Affre a laissés dans le diocèse renouvelé par ses soins.

Ajoutons que les instructions émanées de l'autorité épiscopale sont en grande partie sorties de sa plume (1), et que ses rares loisirs étaient remplis par la composition des ouvrages qui ont commencé sa réputation d'écrivain. En effet, c'est à Amiens qu'il composa son *Manuel des instituteurs* (2),

(1) Particulièrement une instruction sur les biens des fabriques en date du 15 septembre 1824, et qui contient en germe le traité dont nous allons parler.

(2) Ce manuel est malheureusement épuisé. Il a été imprimé à Amiens chez Caron–Vitet.

excellent petit *vade-mecum* où se rencontrent les
conseils les plus pratiques, et son *Traité de l'administration temporelle des paroisses* (1), le
meilleur livre qui ait été écrit sur cette matière si
délicate, et hérissée, depuis la publication des articles
organiques et des décrets impériaux, de si épineuses
difficultés.

Les bornes de cette notice ne nous permettent
pas de nous appesantir sur le mérite littéraire de cet
ouvrage. Disons seulement qu'il a éminemment le
caractère de l'existence entière de son auteur, l'uti-
lité pratique, le sentiment du droit, le désir de la
concorde et le courage de la liberté.

Des matériaux immenses, une vaste érudition,
une méthode claire, une argumentation nerveuse, y
sont mis au service de la vérité et de la justice, et
tout tend à établir l'harmonie fondée sur le respect
des droits et sur la réforme des abus. On l'a dit
avec justesse : dans ce livre « M. Affre est théolo-

(1) Ce traité, qui a été l'une des œuvres de prédilection de
Monseigneur l'Archevêque, a été publié pour la première fois
en 1820. Il a eu depuis quatre autres éditions, la dernière est
de 1845. Elle est augmentée de développements nouveaux et
curieux, et forme un vol. in-8° de 685 pages. Paris, Ad. Leclère et Cie. — L'auteur en a publié un abrégé à l'usage des
marguilliers des églises rurales et des élèves des séminaires.
Paris, Ad. Leclère et Cie, 1835, in-8° de 250 p

gien comme l'abbé Carrière, et jurisconsulte comme
Henrion de Pansey (1). »

Mais le vicaire-général ne se bornait pas à ces
travaux de canoniste et d'administrateur. Il suivait
à la fois le développement de la polémique religieuse
et le mouvement scientifique et littéraire.

IV.

M. l'abbé Affre écrivain.

Ce n'est pas un des moins curieux aspects de son
talent que la part qu'il a prise dès cette époque, et
qu'il n'a guère abandonnée depuis, aux grandes con-
troverses qui agitaient les esprits : soit que, dans de
nombreux articles insérés par la presse religieuse (2),
il examine le *Cours d'histoire moderne* de
M. Guizot ; soit qu'il entame, à propos de l'ouvrage
de Mastrofini, une discussion approfondie sur l'*u-
sure ;* soit qu'il loue l'*Économie politique chrétienne* de M. A. de Villeneuve-Bargemont, ou qu'il

(1) *Biographie du clergé contemporain*, par un solitaire.

(2) Spécialement dans l'*Ami de la Religion*, tome LXVII-VIII-
IX ; LXXXI-II-III-IV-VII, etc. Cette nomenclature est nécessaire-
ment très-incomplète, et elle s'étend beaucoup au delà de
l'époque du séjour de M. Affre à Amiens. On comprend que
nous ne pouvons donner ici que des aperçus sommaires. Nous
réservons une étude plus détaillée pour une publication moins
limitée.

critique la *Décadence du paganisme* de M. A. Beugnot (1).

Nous ferons une mention spéciale de deux de ces études qui, du reste, ont été l'objet de publications à part : nous voulons parler de l'*Essai sur les hiéroglyphes égyptiens* et du *Traité de la suprématie temporelle du Pape et de l'Église*.

Le premier (2) est une analyse fort bien faite des critiques adressées par Klaproth à Champollion le jeune. Préoccupé du parti que certains adversaires de l'Écriture sainte prétendaient tirer de l'admirable découverte du jeune savant contre le récit mosaïque, M. Affre s'attache à démontrer que, dans l'état où Champollion a conduit la science de la lecture des hiéroglyphes, il y a encore trop d'incertitude pour qu'on puisse établir une argumentation en quelque sens que ce soit. Peut-être est-il à regretter que, sous l'empire de cette idée, le critique n'ait pas été assez équitable à l'égard des précieuses investigations de Champollion qui, comme toute œuvre de véritable savoir, est un hommage nouveau rendu à l'authenticité de nos saintes Écritures.

(1) On sait que le savant et éloquent auteur de ce livre a reconnu depuis les erreurs qui y étaient contenues, et qu'il a consolé les catholiques par son zèle et son habileté à défendre la liberté religieuse.

(2) In-8° de 32 p. 1834. Ad. Leclère. Paris.

Le second ouvrage est entièrement dirigé contre M. de Lamennais. On était en 1829 ; et, si quelques esprits supérieurs pouvaient déjà concevoir de tristes alarmes sur la chute lamentable de cet homme d'un si beau génie, cependant, il faut l'avouer, c'était surtout contre les doctrines romaines du grand publiciste que l'attaque était ouverte par les partisans des traditions gallicanes. Le vicaire-général d'Amiens était plein de respect et d'amour pour le Saint-Siége ; il portait dans ses idées la plus grande modération, et il avait un éloignement profond pour les erreurs jansénistes et les prétentions oppressives des parlements ; mais il était de l'école de M. Frayssinous et de M. de La Luzerne. Nous avons eu bien souvent l'occasion de traiter ces hautes questions avec lui, et la bonté avec laquelle il accueillait notre franchise nous autorise à dire ici toute notre pensée, comme nous avons eu occasion de la lui témoigner à lui-même. Avec les meilleures intentions, avec la plus grande sincérité de sentiment, il céda trop aux inpirations de ses opinions. Il croyait les ultramontains dans le faux, et ce qui se rattachait à leurs doctrines était pour lui un objet continuel d'appréhension.

Quoi qu'il en soit et de quelque point de vue qu'on envisage les écrits de M. l'abbé Affre, on ne saurait leur refuser un mérite distingué. Ce mérite devait attirer sur lui l'attention du pouvoir. En 1826 Monseigneur l'Évêque d'Hermopolis voulut le faire entrer au conseil d'État comme maître des requêtes; en 1828, Monseigneur l'Évêque de Beauvais lui fit proposer la secrétairerie générale du ministère des affaires ecclésiastiques; en 1829, M. de Montbel songea à le nommer chef de son cabinet. Ces honneurs furent tous refusés par le modeste et savant ecclésiastique.

Il redoutait les emplois publics, et le prêtre courageux qui avait rédigé au nom de son Évêque la première protestation contre les funestes ordonnances de 1828, ne pouvait rien accepter du prélat qui les avait signées. Cette protestation, qui fut suivie d'une réclamation collective de tout l'épiscopat de France, est un des nobles traits de la vie de M. Affre, et elle présage l'invincible fermeté dont il devait faire preuve sous un pouvoir nouveau.

M. l'abbé Affre était donc resté grand-vicaire à Amiens. Il occupait ce poste à la révolution de juillet et il y demeura, toujours résolu à défendre l'intégrité des droits, l'honneur et l'indépendance du sacerdoce. Aux tracasseries, aux mauvais vouloirs, aux exigences de la royauté du 7 août, il opposa une fermeté patiente, des réclamations dignes, et une sincère volonté de prévenir et d'apaiser les dissentiments.

Il ne voulait qu'une chose : la liberté du bien. C'est ce qu'il exprima en face au roi Louis-Philippe dans le discours de réception qu'il fut chargé de lui adresser en 1831, lors du passage de ce prince à Amiens. Les phrases suivantes ont retenti dans la France entière, et sont demeurées dans la mémoire de tous les catholiques : « Le clergé de ce diocèse ne » vous exprimera qu'un seul désir, celui de remplir » avec une sainte liberté un ministère qui n'est pas » sans influence sur le bonheur de cette contrée. Faire » respecter les mœurs, inspirer la modération des » désirs, calmer les haines privées, c'est semer sur le » sol de notre belle patrie des germes précieux de » prospérité et donner à la paix publique les garan- » ties les plus fermes et les plus certaines. Telle est » notre mission, et, nous le savons, c'est aussi le » seul dévouement que la haute équité de Votre Ma- » jesté réclame de nous (1). »

V.

M. Affre vicaire-général de Paris. — Son *Traité de la propriété ecclésiastique.*

Trois ans après, M. Affre venait à Paris pour sur-veiller l'impression d'un de ses ouvrages, lorsque

(1) *Ami de la Religion*, 4 juin 1831, tome LXVIII.

Monseigneur de Quélen lui offrit un titre de chanoine avec des lettres de vicaire-général.

Monseigneur de Quélen avait le rare et admirable don de distinguer les hommes de mérite et le bonheur de s'en entourer. Il appréciait M. l'abbé Affre ; M. Affre honorait ses hautes vertus et vénérait son caractère. Il accepta, et jouit bientôt pour les affaires les plus importantes de la confiance du Pasteur qui l'avait choisi pour son auxiliaire.

Vers la même époque, l'Évêque de Strasbourg, Monseigneur Lepappe de Trevern, sollicitait sa nomination en qualité de Coadjuteur avec future succession. M. Affre consentit à être présenté, bien qu'il ne se dissimulât pas que son attachement à l'Archevêque de Paris serait auprès du cabinet des Tuileries un obstacle presque invincible. Mais sa simplicité et sa modestie répugnaient à toute idée d'ambition. Le gouvernement refusa ; en vain M. Affre supplia-t-il Monseigneur de Strasbourg de cesser ses démarches. L'Évêque continua : mais à peine, au bout de cinq années, était-il parvenu au but de ses désirs qu'il se vit enlever son Coadjuteur pour de plus hautes destinées.

En 1837, une nouvelle occasion s'offrit à M. Affre de témoigner son dévouement à Monseigneur l'Archevêque et à la cause de l'Église.

On se rappelle la prise violente de possession du

terrain de l'Archevêché, les réclamations énergiques de M. de Quélen, les débats des chambres et les magnifiques discours prononcés par MM. de Dreux-Brézé et de Montalembert en faveur du droit sacré de la propriété ecclésiastique (1). On connaît aussi l'appel et l'ordonnance déclarative d'abus qui répondirent aux légitimes griefs du prélat. M. Affre, n'écoutant que la voix de son cœur et le cri de la justice, intervint avec chaleur dans la lutte; et de sa courageuse indignation sortit un livre plein de verve, de savoir et de talent, qui parut sous le titre de « *Traité de la propriété des biens ecclésiastiques,* » avec cette épigraphe : « *Res clamat domino suo* (2) !»

Jamais noble inspiration ne fut mieux secondée. Ce traité est excellent; il contient les renseignements historiques les plus utiles, et il tire des circonstances présentes un intérêt tout-puissant aux yeux des canonistes et des hommes d'État.

M. Affre remonte aux principes. Il recherche en fait et en droit la source de la propriété des biens ecclésiastiques, et il suit leur histoire depuis l'établissement du christianisme jusqu'à la révolution de 1789. Arrivant aux décrets des Assemblées consti-

---

(1) Nous ne devons pas oublier non plus les courageux efforts de M. de Tascher, de M. Dubouchage, de M. Mounier. — Séance du 4 mai 1837.

(2) Un vol. in-8° de xvi et 404 pages. Paris, Ad. Leclère.

tuante et législative et de la Convention, il les sou-
met à une discussion sévère et irréfutable. Le Con-
cordat et la législation impériale sont l'objet de ses
études. Il termine par l'examen de l'ordonnance
rendue, le 21 mars 1837, contre Monseigneur l'archevêque de Paris; il rappelle la séance de la Chambre des Pairs et conclut par ces énergiques paroles :

« Veut-on savoir où il y a abus? Il est dans le projet de M. Duchâtel, qui viole une propriété légitime. La loi de 1789 était, du moins au moment où
elle a été portée, un abus énorme, le plus énorme
de tous les abus! Ce n'est pas celui qui a respecté
les résultats de cette loi, consacrés par l'intervention de l'autorité compétente, qui est coupable d'a-
bus; c'est celui qui veut qu'à tout jamais cette loi
inique domine la France; c'est celui qui, à la place
du commandement de Dieu, qui dit au gouvernement comme aux individus : « Tu ne déroberas
point, » substitue cet autre principe : On a pu dérober, on peut dérober encore, on pourra dérober
toujours.

» L'abus est dans l'acte de M. le garde des sceaux,
qui vient dénoncer l'accomplissement d'un devoir.

» L'abus est dans la frayeur qu'on veut imprimer
au prélat et à ses collègues, et non dans une plainte
juste et modérée. Prenez garde, dit-on aux évêques
de France, si on convertit votre habitation en un

monceau de ruines, il y aura abus en demandant à la relever ; il y aura abus si un sol, qui depuis quinze siècles a été occupé par vos prédécesseurs, est réclamé par vous, et si vous ne trouvez pas qu'un lieu de plaisir soit mieux placé à côté de votre cathédrale, sans doute afin que la piété des fidèles soit favorisée par des cris ou des conversations bruyantes.

» Quel sera l'effet de l'appel comme d'abus ? On a voulu humilier, on fera grandir le prélat poursuivi ; on a voulu l'abattre, on a fortifié son courage ; on a voulu effrayer les autres Évêques, on excitera leur juste indignation. On ne voit pas tout du fond d'une province ; et à Paris même que de faits ignorés ! Un premier éveil donné à l'attention fera apercevoir bien des choses jusque-là inaperçues ; et c'est ainsi que la colère d'un ministre aura servi à hâter les révélations de l'histoire, qui aura de si tristes intrigues à dévoiler et des actes si humiliants à flétrir ! »

Quel est d'ailleurs le sentiment qui allume un si juste courroux dans l'âme du prêtre ? la justice et la justice toute seule : « Qu'on le sache bien, s'écriet-il, nous ne regrettons pas les biens envahis ; nous ne déplorons que la justice méconnue ! Nous préférons à l'ancienne existence si brillante de certains bénéficiers, l'existence modeste des titulaires actuels, et nous la préférerions de beaucoup si le gouvernement avait le courage de la rendre moins précaire.

Le prêtre et l'évêque seront toujours assez riches
s'ils peuvent soulager les infortunes. Ce bonheur ne
leur sera jamais refusé lorsque leur charité connue
fera tous les jours remonter vers eux les bénédictions du pauvre, après avoir attiré dans leurs mains
les offrandes des pieux fidèles... »

Toute l'ambition du clergé se borne là : pauvreté,
charité, liberté, voilà ses seuls désirs. « Nous dé-
clarons, dit M. Affre, que, dans notre pensée, le
clergé se trouverait heureux de posséder la liberté
dont jouit le clergé catholique de la Belgique et de
l'Irlande. Telle est la charte canonique qu'il désire,
et qui tôt ou tard, nous en avons la confiance, lui
sera octroyée. Telle est notre ambition poussée jusqu'à ses extrêmes limites, et voilà les grands enva-
hissements que nous projetons. Ce ne sont pas des
richesses perdues que nous regrettons ; ce ne sont
pas des richesses nouvelles que nous sollicitons :
c'est qu'on flétrisse la doctrine immorale de la spoliation...

» Vous la flétrirez, ajoute l'auteur en terminant,
vous la flétrirez dans votre intérêt. Que votre for-
tune soit l'ancien patrimoine de vos pères ; que vous
l'ayez créée avec vos talents et votre industrie ;
qu'elle se soit élevée ou accrue au milieu de nos
tempêtes politiques, vous avez un intérêt pressant
à dénier à la loi la puissance de vous la ravir.

» Vous la flétrirez dans l'intérêt de la religion. Si on a pu, dans le passé, dépouiller l'Église de ses temples, pourquoi pas dans l'avenir? Et déjà n'entendez-vous pas qu'on les menace?

» Vous la flétrirez dans l'intérêt de la société, parce que de telles lois soulèvent des tempêtes qu'un siècle tout entier a de la peine à calmer.

« » Vous la flétrirez d'autant plus qu'elle a été plus ménagée, tantôt par la corruption, tantôt par la politique, tantôt par la faiblesse.. Si elle est justifiée par quelques hommes de loi, n'est-ce pas assez qu'elle soit condamnée par celui qui a dit : *Je suis le Seigneur qui aime la justice et déteste la rapine* (1) ! »

Tant de raison et tant de vigueur auraient dû triompher. Mais les rancunes du pouvoir étaient implacables, et, quelles qu'en pussent être les conséquences pour l'avenir, quelque terrible que fût le coup ainsi porté au principe sacré de la propriété, la loi qui consacrait cette violente iniquité fut votée par le parlement et sanctionnée par la couronne.

Il resta à l'Archevêque et à ses défenseurs la conscience du bon droit, le sentiment d'un devoir ac-

---

(1) ISAÏE, ch. LXI, v. 8. « *Quia ego Dominus diligens judicium et odio habens rapinam.* » — *Traité de la propriété des biens ecclésiastiques*, pag. 25-240-50-51-56.

compli et la sympathie de tous les esprits qui aiment l'équité et qui ont horreur de la spoliation.

Le succès du Traité dont nous venons de parler et le désir de travailler avec plus de liberté à deux autres compositions que l'auteur annonce dans sa préface, l'une sur le *droit canon*, l'autre sur la *tolérance civile*, le déterminèrent à prier son Archevêque de le tenir éloigné des affaires de l'administration.

VI.

M. Affre Coadjuteur de Strasbourg et vicaire capitulaire de Paris.

C'est au milieu de ces laborieux loisirs, à la fin de 1839, que M. Affre reçut sa nomination à la Coadjutorerie de Strasbourg avec le titre d'Évêque de Pompéiopolis *in partibus infidelium*. Les instances de Monseigneur de Trevern avaient triomphé des résistances de la cour.

Le Coadjuteur-élu de Strasbourg se préparait à sa nouvelle mission, lorsque Dieu rappela à lui le vénérable Archevêque de Paris. Monseigneur de Quélen s'endormit dans le Seigneur le 31 décembre 1839, au milieu des larmes et des regrets de toute la population catholique et honoré sur son lit de mort par la tardive justice de ceux qui s'étaient faits ses ennemis.

Qui serait appelé à remplir ce siége illustré par tant de vertus? A qui serait imposée une charge rendue plus redoutable par les circonstances? Personne ne le savait; et plus que personne le Coadjuteur de Strasbourg l'ignorait. Son humilité lui défendait d'y prétendre; et il était si loin d'y songer qu'il fut extrêmement surpris d'apprendre que le chapitre métropolitain l'avait nommé premier vicaire capitulaire. Il avait MM. Augé et Morel pour collègues.

Le premier soin des vicaires capitulaires fut de payer un légitime tribut d'éloges et de reconnaissance au saint Archevêque que pleurait la capitale. Sauf un mot regrettable, le Mandement fut accueilli avec gratitude par les fidèles; et si le discours prononcé le 1er mai, aux Tuileries, porte l'empreinte d'une confiance trop complète dans les vues favorables du pouvoir à l'égard de la religion, ce n'était que l'expression d'un profond désir de concorde et de paix. Il faudrait n'avoir pas connu M. Affre, il faudrait surtout n'avoir pas suivi sa vie épiscopale tout entière, pour y chercher d'autre sentiment.

Cependant le successeur de Monseigneur de Quélen n'était pas choisi. Plusieurs Evêques avaient refusé: le Cardinal de La Tour d'Auvergne avait déclaré qu'il n'abandonnerait pas son troupeau. Le Coadjuteur de Strasbourg ne pensait qu'à se rendre près

du prélat qui l'appelait, quand on vint lui annoncer
que le gouvernement l'avait proposé à Rome. Il était
demeuré étranger à toutes les sollicitations faites en
sa faveur. « Nous sommes entré légitimement dans
le bercail, dit-il (1); un Evêque ne doit pas s'appeler
lui-même : nous ne nous sommes point appelé. Si
nous n'avons pas rejeté le fardeau, nous ne l'avons
pas non plus sollicité. »

M^r. Affre ne ressentit que de la surprise et de la
crainte : « Nous avons éprouvé, ajoute-t-il, une véritable terreur, qui nous a accablé et qui pèse encore sur notre courage (2). »

Après s'être humilié devant Dieu, il accepta; et,
le 6 août 1840, jour de la Transfiguration de Notre-
Seigneur, il fut sacré dans la cathédrale de Paris
par Son Éminence le Cardinal de La Tour d'Auvergne, Évêque d'Arras.

(1) Mandement de prise de possession, p. 5.
(2) Ibidem, p. 6.

SECONDE PARTIE.

Une période nouvelle s'ouvre dans la vie de Monseigneur Affre.

L'humble et savante carrière du prêtre est achevée : la haute mission du pontife commence.

Huit années durant, il aura à régir le plus populeux diocèse de France ; il lui faudra gouverner, instruire, évangéliser la grande capitale, cet immense réceptacle où se rencontrent côte à côte l'excès du bien et l'excès du mal. Il se trouvera en rapports continuels avec les souffrances des petits et avec l'orgueil des grands. Lui, le pasteur simple et droit, lui, l'homme d'étude, de retraite et de prières, il sera aux prises avec l'habileté consommée des politiques, avec les intrigues savantes du pouvoir ; et il devra veiller à chaque heure du jour et de la nuit pour garder et pour défendre les droits, la liberté, l'honneur de son Église, jusqu'à ce qu'enfin, holocauste de charité et de concorde, il en vienne à verser tout son sang pour l'amour et pour le salut de son troupeau !

Le caractère souverain de l'existence de Monsei-

3.

gneur Affre, c'est la simplicité; la raison supérieure
et le mobile exclusif de ses actes, c'est le devoir :
simplicité poussée jusqu'à l'héroïsme, devoir accompli jusqu'au martyre.

Toute sa conduite est marquée à cette double empreinte, et ce fut la règle comme c'est l'explication
de son épiscopat.

Ici notre tâche devient plus difficile et plus délicate : il ne s'agit plus seulement de raconter quelques faits et d'apprécier quelques écrits. Il faudrait
montrer l'exercice de l'autorité ecclésiastique, de la
juridiction spirituelle, les instructions doctrinales
du premier pasteur. Il faudrait exposer les décisions
de son administration diocésaine. Il faudrait enfin
entrer dans le développement de ses œuvres de polémique et de sa courageuse intervention en faveur de
l'indépendance de l'Église.

Mais comment, dans une esquisse si rapide, remplir dignement un semblable projet? D'ailleurs, une
plume laïque n'est-elle pas frappée d'incompétence
sur beaucoup de ces points, et quelle témérité n'y
aurait-il pas à un simple fidèle de vouloir toucher
aux balances du sanctuaire?

Enfin et surtout, quelle réserve ne doit pas nous
être imposée sur une foule de questions dont la so-
lution est encore pendante, soit devant la suprême
puissance du Saint-Siége, soit devant les assemblées

politiques, soit au tribunal de l'opinion ? La bien-veillante confiance dont le prélat nous a donné tant de marques, n'ajoute-t-elle pas encore à l'impérieuse loi de la discrétion sur des faits où se trouvent mêlés des hommes encore vivants et des affaires encore inachevées ?

On nous permettra donc de ne donner sur l'administration diocésaine que des aperçus justifiés par des documents publics. Il y a là, du reste, matière à d'assez justes louanges.

Nous dirons donc ce qu'a fait Monseigneur l'Archevêque de Paris pour la doctrine, pour les œuvres, pour l'administration, pour les lettres et la polémique ; et nous essaierons de le dépeindre tel qu'il était dans sa vie intime et dans sa vie publique.

I.

Sacre de Monseigneur Affre. — Ses mandements, ses instructions doctrinales.

Sans dissimuler les difficultés extérieures et intérieures que le nouveau Pontife devait rencontrer, on peut dire que son avénement se présentait sous de favorables auspices.

Les esprits élevés et les cœurs chrétiens avaient admiré le Mandement de carême publié par les vicaires capitulaires, et qu'on savait être de la main du Coadjuteur de Strasbourg. L'énergique discussion qu'il contenait, les coups décisifs qui y étaient portés contre le *panthéisme*, promettaient une lumière de plus à la science sacrée.

On apprit avec joie que le Saint-Père (1) professait pour Monseigneur Affre une estime toute particulière. Une lettre de Monseigneur Wiseman en contenait l'assurance, et bientôt un bref particulier, faveur exceptionnelle puisqu'il n'est pas d'usage que le pape écrive aux Évêques qu'il vient d'instituer, en apporta au modeste prélat le précieux témoignage (2).

La cérémonie du sacre fut imposante par le nombre et la qualité des personnes qui y assistèrent (3), et les fidèles bénirent Dieu à la lecture du premier

(1) Grégoire XVI.

(2) Ce bref n'a pas été publié. L'*Ami de la Religion* confirme le fait, t. cv.

(3) S. Em. le Card.-Évêque d'Arras, alors suffragant de Paris, était le prélat consécrateur. Nosseigneurs les Évêques de Versailles et de Meaux l'assistaient. On remarquait à la cérémonie Nosseigneurs l'Archevêque de Chalcédoine, l'ancien Évêque de Dijon, l'ancien Évêque de Beauvais, l'Évêque d'Orléans, Monseigneur Murphy, Évêque de Cork en Irlande, les Évêques élus de Valence et de Quimper (MM. Chatrousse et Graveran), Monseigneur Garibaldi, Internonce apostolique, etc. — Monseigneur l'Archevêque était entré en retraite à Saint-Sulpice le 31 juillet, et il avait pris possession du diocèse le 1er août par procureur; c'est M. l'abbé Augé qui, à ce titre, avait reçu le serment du chapitre.

Mandement qui leur montrait leur pasteur sous des traits si humbles et si consolants.

L'âme tout entière de Monseigneur Affre était passée dans ce Mandement, publié pour sa prise de possession. L'Évêque venait vers son troupeau les mains pleines de bénédictions; il demandait le concours et l'union de tous; il prêchait la paix et la concorde et recommandait l'observation de la discipline. Aux vierges et aux mères chrétiennes, aux patrons et aux soutiens des œuvres de charité, il distribuait les plus précieux encouragements. « Bons Frères de la doctrine chrétienne, s'écriait-il, élargissez encore, s'il est possible, élargissez vos bras, dilatez votre cœur pour y recevoir ces milliers d'enfants, tendres objets de notre amour, parce que leur cœur est exposé à plus de séductions, leur vie à plus de misères. Aidez-nous à rendre la demeure du pauvre ce qu'elle a été dans d'autres temps, un sanctuaire chéri de Dieu. »

Enfin, et nous serions trop ingrat si nous ne rappelions pas ce souvenir avec attendrissement, il versait sur la jeune Société de Saint-Vincent de Paul ses plus paternelles faveurs; rosée féconde et bénie qui a hâté les premiers développements et assuré les heureux progrès d'une œuvre qui s'étend aujourd'hui dans les deux mondes !

La science et les études, la discipline et l'administration, la liberté ecclésiastique et la charité avaient leur place dans cet acte d'inauguration. Si nous osions le dire, c'était le programme de la conduite future du prélat. Il y fut fidèle.

Une seule année ne se passera point désormais sans que le savant et laborieux écrivain n'aborde pour l'instruction de son peuple quelqu'un des grands problèmes qui soulevaient les esprits.

Au carême de 1841, il signale le double écueil où tombent beaucoup d'âmes, soit qu'elles « se persuadent pouvoir conserver la pratique des devoirs essentiels après avoir abandonné la foi et la morale chrétienne, » soit que, « restant fidèles, elles oublient que l'on ne peut être un vrai chrétien si l'on méconnaît la justice et la droiture naturelles. »

Le prélat attaque successivement l'orgueil, l'égoïsme, la volupté, et tout d'un coup, s'adressant aux riches et aux heureux de ce monde : « Si nous déplorions devant vous, dit-il, d'autres désordres qui désolent davantage la classe ouvrière, vous seriez les premiers à nous dire que personne ne les condamne plus sérieusement que vous. Et, en effet, vous vous écriez souvent avec le sentiment d'une profonde douleur : « Que sont devenues pour cer- » tains hommes les affections les plus légitimes, » les liens les plus conformes à la nature?... Où est » leur prévoyance pour l'avenir le moins éloigné,

» pour la semaine qui va suivre, pour le jour du
» lendemain? Quelles misères, quels dangers pour
» la société dans ce paupérisme qui la menace plus
» que jamais; et cela précisément à l'époque où
» l'on parle davantage aux ouvriers d'économie,
» de bonne conduite, de probité et de morale, et
» aux autres citoyens d'humanité et de philanthro-
» pie! » C'est le sujet fréquent de vos pénibles et
douloureuses réflexions. Mais vous signalez les
symptômes d'un grand mal, vous ne remontez pas
à sa cause; cette cause est dans vos exemples. Vous
avez fait votre dieu de la volupté : elle est plus raf-
finée, moins grossière que leurs excès révoltants;
voilà toute la différence. C'est une idole façonnée
avec plus ou moins d'art; mais c'est toujours une
idole devant laquelle vous vous prosternez, qui reçoit vos adorations et possède votre cœur tout entier. A ce culte avilissant il fallait une doctrine, et
vous avez appliqué toute votre intelligence à la pro-
duire, tout votre zèle à la faire prévaloir. Jamais,
dans aucun siècle, il n'y eut tant d'hommes enivrés
de la triste gloire d'avoir fait triompher les sens et
mis en honneur leurs humiliantes convoitises! »

Voilà les leçons que l'Archevêque de Paris savait
donner du haut de la chaire pastorale à cette société
gangrenée qui étalait dans la capitale son luxe inso-
lent et sa fastueuse corruption.

Et sa voix prophétique ne cachait pas le péril :

« Développez l'athéisme, le déisme, le panthéisme chez un peuple, vous en verrez sortir des monstruosités morales qui feront reculer d'épouvante une société énervée d'ailleurs par des vices ordinaires (1). »

La guerre impie des derniers jours n'a que trop justifié les cruelles alarmes du saint Pontife.

Mais comment conjurer des maux si pressants et si redoutables ? La charité, la charité soutenue par la foi, intimement unie à la foi : voilà le souverain, le seul remède. C'est ce que l'Archevêque expose dans sa belle *Instruction pastorale* du 15 février 1843.

Avec quelle noble simplicité, avec quelle calme élévation de langage le prélat, jetant un regard sur le passé, dépeint le monde ancien tel que l'avait fait le paganisme, sans affection, sans pitié, sans cœur, *sine affectione, sine benignitate, immites*, ainsi que parle le grand apôtre (1) ! Comme ensuite sa tendresse paternelle et son dévouement chrétien s'épanchent dans le tableau des bienfaits innombrables que la charité apportée par le Verbe a répandus sur toutes les douleurs de l'humanité ! Comme il se plaît à redire les merveilles de cette Église qui « crée autant d'Institutions et de genres

_____

(1) Lettre pastorale du 8 avril 1841.
(2) PAULI *Ep. ad Timoth.*, II, 3.

de secours que les passions engendrent de misères,
et qui donne aux hôpitaux des serviteurs et des ser-
vantes qui refuseraient de servir les rois ! »

Écoutez les enseignements qu'à la suite de notre
divin Maître il renouvelle aux oreilles si dures de
ce siècle ; écoutez comme il décrit la *fraternité*,
bien avant qu'elle ne s'inscrivît sur nos drapeaux :

« Il y a un Dieu pour tous, un Dieu riche en misé-
ricordes, surtout pour ceux qui l'invoquent... Non-
seulement il y a un Dieu pour tous, mais tous les
peuples sont égaux devant lui. Aussi saint Paul, sans
redouter ni la vanité des Grecs, ni l'opiniâtreté des
Juifs, ni l'orgueil des Romains, brise d'une parole
les barrières qui jusqu'ici ont séparé les nations
lorsqu'il s'écrie avec un saint enthousiasme « Qu'on
» ne me parle plus de distinctions, il n'en existe au-
» cune : il n'y a plus ni Gentil, ni Scythe, ni libre,
» ni barbare, ni esclave (1) !... »

» Mais qu'y a-t-il donc, ô saint apôtre ? Que som-
mes-nous devenus ? Vous êtes unis par Jésus-Christ :
il est devenu votre lien commun, « il est en vous
» tous (2). » Ce que vous êtes ? « vous êtes les en-
» fants du Père céleste par la foi que vous avez dans

(1) *Non est distinctio;* PAULI Ep. ad Rom., x-12. — *Non
est Gentilis et Judæus... Barbarus et Scytha, servus et liber.*
PAUL., Ep. ad Coloss., III-11.

(2) *In omnibus Christus.* — *Ibid.*

» le Sauveur (1) ! » Ce que vous êtes? «vous êtes
» les élus, les amis de Dieu ! » Ce que vous êtes?
« vous êtes tous des frères : *omnes vos fratres*
» *estis* (2) !... »

» Revêtez-vous donc, comme des frères bien-aimés,
» des entrailles de la miséricorde (3) ! » O l'admirable
parole : des entrailles de miséricorde ! Le genre hu-
main n'avait plus d'entrailles, plus de cœur ; il fallait lui en donner un, il fallait que la promesse du
Seigneur s'accomplît : « Je lui ôterai le cœur de
» pierre, je lui donnerai un cœur d'homme (4)... »
« Après tout, dit saint Pierre, *in fine autem;*
mais aussi avant tout, *ante omnia* (5); après tout et
avant tout, car c'est tout à la fois le principe et la
fin, le commencement et la perfection; puisque
vous êtes frères, soyez unis, compatissants, miséri-
cordieux ; *chérissez la fraternité* (6), ayez les uns
pour les autres une mutuelle affection. »

» Mes petits enfants, dit saint Jean, je vous écris
» au sujet d'un commandement nouveau. Celui qui
» n'aime pas son frère est encore dans les ténèbres.

(1) *Omnes filii Dei estis per fidem quæ est in Christo Jesu.*
PAULI Ep. ad. Galat., III–26.

(2) MATTH., XXIII-8.

(3) PAULI Ep. ad Coloss. III-12.

(4) EZECH., XI-19.

(5) PETRI Ep., I-III-8.

(6) Ibid., IV-8.

» Il n'a pas connu la vie nouvelle. Le signe de celte
» vie est dans l'amour de nos frères (1). »

Malheur à ceux qui n'entendraient pas cette voix
de la fraternité! En vain chercheront-ils dans
les ressources de la science et dans la compression
de la tyrannie un appui pour leur cruelle inhuma-
nité.

« En dépit de ces orgueilleuses et cruelles théo-
ries, continue le Pontife, les pauvres se multiplient
et leurs maux se multiplient avec eux, et ils devien-
nent tous les jours plus menaçants. Pendant qu'on
enivre avec des promesses mensongères d'égalité,
d'indépendance, de bien-être, les malheureux ouvriers, une classe nombreuse parmi eux retombe
forcément dans l'esclavage. Réduite à l'aliment du
jour, elle ne peut plus désormais s'affranchir du *paupérisme*, nouveau nom de cette nouvelle servitude.
Mais, en frappant le pauvre, ce fléau est devenu
redoutable pour le riche... La taxe a été payée au
pauvre comme à un ennemi; ce n'est plus un frère
qui assiste un frère : le riche a donné sans affection,
le pauvre a reçu sans reconnaissance... A la vue de
la multiplication effrayante des pauvres, nos sophistes ont dit comme les Égyptiens : Opprimons-les

(1) *Nos scimus quoniam translati sumus de morte ad vitam,
quoniam diligimus fratres.* JOAN. I-II-8-9; III-14.

avec sagesse : *Sapienter opprimamus eos* (1). La
science a conseillé aux gouvernements de punir les
riches plus compatissants que la loi ; et il a été dé-
fendu sous des peines sévères au malheureux d'exci-
ter des émotions, à l'homme qui ne l'est pas d'y
succomber. Il est des contrées où la loi, dans sa
cruelle prévoyance, a voulu s'assurer si la faim était
assez pressante pour contraindre l'indigent au sacrifice de sa liberté : elle a fait précéder son aumône
par la prison. »

Mais ce n'est pas tout : la fausse et cruelle sagesse
des prétendus économistes ne s'est point arrêtée là.
La population qu'elle a surexcitée l'épouvante : il
faut des contraintes. « Alors toutes les autres digues
étant trop faibles, elle a imaginé une contrainte
morale, aussi favorable au vice que la continence
chrétienne est favorable à la vertu... Elle est venue
dire aux hommes que la chasteté volontaire était un
crime contre la société, parce qu'elle ravissait trop
de citoyens à l'État... Et aujourd'hui elle dit à des
êtres qu'elle a affranchis de toutes lois morales, enivrés de sensations grossières, entassés dans un même
lieu sans distinction de sexe : Tu ne formeras point
une famille. Elle le dit à ceux-là précisément dont
elle a rendu les passions plus précoces et auxquels
une union légitime serait plus nécessaire pour ré-

(1) Exod. 1-10.

sister à des séductions capables de pervertir les anges.... Nous osons à peine vous signaler une maxime
plus perverse encore. D'autres sophistes ont osé
conseiller à des époux chrétiens de tromper le vœu
de la nature, et de rejeter vers le néant des êtres que
Dieu appelait à l'existence. »

En présence de ces monstrueuses doctrines et de
leurs épouvantables résultats, l'âme du Pasteur s'in-
digne et s'épouvante ; et il s'écrie avec l'éloquence
des anciens envoyés du Seigneur :

« Dieu se venge de ces esprits superbes qu'il aban-
donne à leur sens réprouvé. Il se venge tôt ou
tard de leurs disciples, que dévore la fièvre de l'or
et des jouissances sensuelles. Il se venge enfin des
États que cette passion parvient à dominer et à cor-
rompre. Arrive un jour où, pour conquérir la for-
tune, la cupidité ne se borne plus à spéculer sur les
travaux de l'industrie : elle veut y parvenir sans autre travail que d'irriter et de soulever toutes les
passions. Les chrétiens sont trop peu irritables : il
leur faut des hommes qui, à leur exemple, n'aient
plus de foi dans un monde meilleur. L'industrie
pervertie par l'irréligion leur en donnera qui seront
en outre pleins de colère contre une société où ils
meurent plutôt qu'ils ne vivent, avec le désespoir de
trouver à peine du pain trempé de larmes au lieu de
jouissances si souvent et si vainement promises.....

Que faut-il de plus? Et comment, au sein d'une atmosphère aussi orageuse, ne pas redouter les tempêtes!

» O juges, ô maîtres de la terre, comprenez enfin le véritable principe de la vie des sociétés chétiennes, les causes de leur décadence et de leur prospérité! »

En relisant ces pages on se sent pris d'une émotion profonde. Hélas! hélas! la parole saintement courageuse du Pontife tonnait en vain au seuil des palais. En vain ses patriotiques alarmes, en vain ses pressantes exhortations dénonçaient les misères et les périls. Le gouffre s'ouvrait chaque jour plus béant sous les pas des aveugles; et il a fallu que le prophète vînt s'y précipiter en victime dévouée, pour que la patrie tremblante reculât de douleur et de honte devant son incommensurable étendue!

Et cependant, la pastorale vigilance de l'Archevêque ne se lassait pas d'indiquer les remèdes, les vrais, les seuls remèdes aux plaies qui nous tuent. Le 10 février 1844, il développait l'*union nécessaire des dogmes et de la morale*, montrant combien sont fragiles et faibles les lois de conscience qui ne s'appuient pas sur la foi. Plus tard, il célébrait le bonheur et les joies de la famille telle que le christianisme sait la faire (Mandement du 14 février 1846): il montrait sous ses aspects si consolants et si forts l'unité, la sainteté, l'indissolubilité du mariage, et

ainsi dire, les Conférences entre les prêtres, établit une *Faculté de théologie* (1), et jette les fondements de la Communauté des Carmes; école supérieure où l'élite des jeunes prêtres devait se former à la prédication et se perfectionner dans le savoir.

Cette maison était l'une des œuvres de prédilection de l'Archevêque, et il ne négligea rien pour en procurer le succès.

Sa piété se plaisait à la pensée qu'il sauvait de la destruction, qu'il assurait à la vénération des chrétiens un monastère illustre, rendu plus précieux encore par le sang des martyrs immolés en 1793. Il donnait à ce lieu de prière et de gloire une destination féconde en y établissant une pépinière de savants auxiliaires pour le clergé des paroisses, et, dans les éventualités d'une concurrence future, il préparait pour les écoles des directeurs ecclésiastiques revê-

(1) Cette institution, combinée avec le Ministre de l'instruction publique, n'a pas reçu peut-être la forme et le développement dont elle était susceptible. Il aurait fallu une bulle du Saint-Siége pour lui donner une existence conforme aux lois et aux usages de l'Eglise. Il aurait fallu des conditions de stabilité et d'indépendance vis-à-vis du pouvoir civil que l'Université ne consentait pas à accorder. Cependant des cours brillants et utiles y ont été faits, et si la faiblesse ministérielle a laissé trop souvent le droit et la liberté du professeur désarmés devant la mutinerie et l'audace de quelques perturbateurs, le souvenir de plusieurs éloquents professeurs demeurera longtemps dans le cœur des catholiques.

tus des grades que l'arbitraire législatif menaçait d'exiger.

Dans ce but il fit d'incessants appels à la charité des fidèles, et, bien qu'il n'ait pas eu la consolation de voir cette pieuse entreprise entièrement accomplie, il laisse après lui des résultats heureux et de précieuses espérances (1).

Monseigneur l'Archevêque avait encore d'autres services à rendre à la science sacrée. Il composa un *Catéchisme* (2) nouveau, rendit des ordonnances très-sévères et très-justes relativement à la publication des *livres liturgiques* (3); et après avoir développé dans une belle Instruction pastorale les devoirs des écrivains qui traitent des sujets religieux et leur avoir donné les plus judicieux avis, il organisa une *Commission d'examen* chargée de revoir avec soin les ouvrages soumis à l'approbation épiscopale (4).

---

(1) Le nombre des ecclésiastiques qui ont reçu le grade de icenciés ès lettres s'est déjà élevé, pour trois années seulement, à onze.

(2) 8 septembre 1846.

(3) 22 décembre 1844.

(4) 4 décembre 1842.

il répétait à un peuple trop insoumis la stricte nécessité d'observer le repos du dimanche.

C'est ensuite une instruction *sur la nécessité et
les avantages de la foi* (1), où le savant et pieux
Évêque expose que la foi fait le bonheur et la prospérité
des nations comme des individus. Mais qu'on ne s'y
trompe pas : ce bonheur et cette prospérité résident
non dans la richesse et la gloire, mais dans la pratique
des vertus et des devoirs. « Dieu n'a point envoyé son
Fils pour multiplier les créateurs de machines, les riches marchands, les littérateurs et les philosophes ;
mais pour former des cœurs purs et compatissants, des
âmes humbles ; c'est seulement par surcroît qu'il a
donné quelquefois à ses enfants d'autres trésors et
une autre gloire, que le trésor et la gloire de la vertu ! »

Puis, il terminait comme toujours par les plus
tendres appels à la miséricorde et à la charité. « La
foi, dit-il, vous l'obtiendrez par l'aumône, par le
jeûne et par la prière... L'aumône fut rarement
aussi nécessaire que pendant une année où les pauvres souffrent tant. Après ce que vous avez donné,
ne craignez pas de donner encore. Quelque grandes
que soient vos largesses, elles seront bien au-dessous
des misères qui nous assiégent : heureux si elles
pouvaient suffire aux plus pressants besoins ! »

(1) 25 janvier 1847.

Telle était, et nous regrettons de ne pouvoir en offrir qu'une si incomplète analyse, telle était la doctrine si élevée et si pure que l'Archevêque de Paris ne se lassait pas d'enseigner aux fidèles (1).

II.

Et des ecclésiastiques. — La maison des Carmes. — Catéchisme. — Commission d'examen des livres.

Mais il ne lui suffisait pas de rompre lui-même le pain de la parole. Il voulait assurer au Clergé confié à ses soins toutes les ressources de l'étude et de la science. Ce fut une des pensées dominantes de son pontificat.

Dès 1841, dans une *Lettre pastorale* (2) qui est un traité complet et achevé, il trace le plan des *Études ecclésiastiques* avec une largeur et une étendue remarquables ; et pour ajouter l'exemple au précepte et la pratique à la théorie, il régularise et crée, pour

(1) Monseigneur Affre a laissé beaucoup de travaux inachevés ; son grand ouvrage sur le Droit ecclésiastique et son traité de la Tolérance civile l'occupaient toujours ; il aimait à s'en entretenir. Il est à espérer que MM. les vicaires-généraux, ses exécuteurs testamentaires, mettront en lumière les richesses ignorées que contient le portefeuille du savant et laborieux prélat.

(2) Du 8 avril 1841.

des sanglots et des plaintes, elles retentissent à l'o-
reille de l'Archevêque de Paris.

L'Espagne souffre persécution et le Chef de la
chrétienté réclame pour elle les intercessions des catholiques. Monseigneur Affre répond à ce vœu avec
le zèle de sa foi, et il saisit l'occasion de défendre
intrépidement l'indépendance de l'Église et de proférer cette belle protestation de son dévouement à la
chaire de Pierre (1) :

« Parmi ses nombreux disciples, Jésus-Christ
choisit douze apôtres, et parmi les douze il en choisit un. Il dit aux douze : Allez, prêchez, je vous envoie... Mais, quand il veut mettre la dernière main
au mystère de l'unité, il ne parle plus à plusieurs, il
s'adresse à Pierre et l'établit le fondement, le soutien de son Église. Ce qui doit doit servir de soutien
à un édifice éternel ne peut avoir jamais de fin.
Pierre vivra toujours dans ses successeurs...

» Dieu n'a partagé les évêques que pour faciliter
l'exercice de leur ministère; mais, afin que ce partage ne nuisît point à l'unité, il leur a donné à eux-
mêmes un chef qui les réunit tous sous sa houlette.
« Pasteurs à l'égard des peuples, dit Bossuet, ils sont
» brebis à l'égard de Pierre. »

C'est l'Angleterre ensuite, l'Angleterre qui aspire

(1) 18 mars 1842.

à retourner vers cette unité qu'elle a si malheureusement abandonnée. Des liaisons intimes unissent le
prélat avec les plus illustres des catholiques d'Angleterre. Les docteurs de l'université d'Oxford, ceux-là
même à qui manque le courage de rompre les derniers
liens qui les rivent à l'erreur, sont en correspondance
avec lui, et l'un d'eux lui dédie une *Vie de saint
Thomas de Cantorbéry* (1). Pour hâter les ardents
désirs de sa piété, l'Archevêque ordonne des prières
publiques (2) pour cette île qui fut et qui redeviendra l'île des Saints.

Voici venir ensuite les deux plus héroïques nations
de la catholicité, les peuples martyrs, l'Irlande et la
Pologne.

L'Irlande est tombée au dernier degré de la misère,
de la famine, de la désolation. Sur les supplications
des catholiques français (3), le grand et glorieux Pape
qui siége sur le trône apostolique avait sollicité pour
elle les largesses des chrétiens. L'Archevêque de Paris
prend l'initiative, forme et préside un comité, et envoie des sommes considérables à ses vénérables frères

(1) Monseigneur Affre n'avait accepté cette dédicace qu'à la
condition de revoir l'ouvrage et d'en faire disparaître tout ce
qui ne serait pas orthodoxe.

(2) 17 novembre 1845.

(3) Cette supplique fut adressée à S. S. le pape Pie IX, par
un grand nombre de catholiques, membres des deux chambres,
de l'Institut, de la magistrature, de l'armée, du barreau, etc.

III.

Appui accordé aux œuvres de charité pour la France et pour
les nations catholiques opprimées.

La charité, le soin des pauvres, des malheureux,
des abandonnés, de tous ceux qui souffrent, étaient,
comme nous l'avons vu, la constante préoccupation
du prélat dans ses écrits. Elle éclata dans ses actes.

Non-seulement il épuisait par de pieuses et d'humbles aumônes les ressources que sa noble pauvreté lui
laissait; mais il ne cessait d'encourager et d'aider par
ses puissantes recommandations et par ses instantes
prières, les œuvres nombreuses qui sont la couronne
et qui seront peut-être le salut de l'immense capitale.

Le legs touchant que, sur son lit de mort, M. de
Quélen avait remis à son successeur, l'*OEuvre des
orphelins du choléra*, fut continuée et achevée
par lui. C'est pour ces intéressantes victimes du fléau
de 1832, qu'il implora la première fois la compas-
sion des fidèles en mettant ses prières dans la bouche
de l'illustre défunt, et en répétant avec les livres
saints : « *Defunctus adhuc loquitur.* »

Une bienveillance particulière l'attachait à la *Société de Saint-François-Régis*, cette grande et
populaire institution à qui tant de familles sont re-
devables de leur réconciliation devant Dieu et devant

la loi, par laquelle tant d'unions illicites ont été ré-
habilitées et tant de pauvres enfants rétablis dans les
droits et l'honneur de la filiation légitime (1).

C'est également grâce à la protection de Monseigneur Affre et malgré d'indicibles difficultés, que naquit et prospéra l'une des plus utiles créations de
nos jours, la *Société de Saint-François-Xavier*,
association de secours mutuels qui rassemble, dans
la pratique de la plus affectueuse fraternité, des
milliers d'ouvriers de la capitale.

Toutes les infortunes trouvaient un écho dans le
cœur de ce pasteur si généreux et si aimant. Deux
fois de cruelles inondations ravagent les plus belles
contrées de la France (2); un affreux désastre ruine
l'une de nos colonies (3). Aussitôt l'Archevêque s'em-
presse. Les larmes aux yeux, il conjure ses enfants de
venir au secours de leurs frères et d'ajouter l'aumône
à la prière; et, à sa voix, l'or afflue et va porter aux
mains des Évêques et des prêtres des régions affligées
de prompts moyens de soulagement et d'assistance.

Mais le cœur du chrétien et le cœur d'un évêque
ne se bornent pas aux frontières d'un empire.
L'Église et le monde sont la patrie du disciple de
l'Homme-Dieu. Aussi, de quelque part que viennent

(1) Mandements de 1842-46-47.
(2) Lettres pastorales de 44-46.
(3) La Guadeloupe.

bles principes de liberté exposés dans ce document vint fixer les hésitations et trancher les difficultés.

L'ancien vicaire-général savait aussi bien prendre les grandes mesures que descendre aux plus petits détails. Ainsi, nous le voyons dès l'origine, plein de sollicitude pour les monuments des églises de son diocèse, ordonner la tenue des archives ecclésiastiques, demander une statistique complète de toutes les fondations, des inscriptions, des objets d'art et d'histoire que pouvait renfermer chaque paroisse (1). Puis il rappelle les prescriptions relatives au costume (2) et abaisse le tarif des chaises de manière à rendre accessible aux plus pauvres l'assistance à l'office divin (3). Plus tard, et malgré toutes les oppositions du gouvernement, il se remettra en possession d'un des droits les plus essentiels de l'Église, en tenant une assemblée d'Évêques (4) où se traiteront les plus graves questions du moment. Enfin il publiera une ordonnance (5) pour le rang des Vicaires et le partage du casuel.

C'est ainsi également qu'il préparait à son diocèse les améliorations les plus sages, notamment la créa-

(1) Ordonnance du 19 octobre 1840.
(2) Id. du 22 octobre 1840.
(3) Lettre du 20 janvier 1847.
(4) 14 au 20 décembre 1847.
(5) 6 mai 1848.

tion d'un tribunal ecclésiastique, et bien d'autres
plans que la mort l'empêcha de réaliser, mais dont
la pensée l'occupait sans cesse.

Les besoins spirituels des populations lui étaient
grandement à cœur, et il eut le bonheur d'ériger
cinq nouvelles paroisses aux environs de la capitale.
Il se plaisait à les visiter lui-même et à recueillir sur
son passage les vœux et les hommages que lui atti-
rait sa bienveillante simplicité (1).

Il ne nous appartient pas, on le comprendra, d'apprécier ici la conduite de notre prélat en ce qui
touche au personnel de son diocèse. Nous ne savons
qu'une chose, c'est que très-sévère sur le maintien
de la discipline, il ne frappait que rarement et avec
un regret profond, toujours prêt à ouvrir ses bras
au repentir. S'il a dû condamner deux recueils pé-
riodiques, il ne l'a fait pour l'un (2) qu'à la dernière
extrémité; et, pour l'autre, il a eu le bonheur de
voir sa sentence suivie d'une soumission entière et
sans réserve (3).

---

(1) Ce sont les églises de Ménilmontant, la Gare, la Maison-
Blanche, le Petit-Montrouge et Plaisance; dans cette dernière, le
culte est seulement organisé, mais l'érection n'est pas faite.
Monseigneur l'Archevêque a de plus consacré les églises de la
Madeleine, de Saint-Vincent-de-Paul et de la Chapelle.

(2) Le *Bien social.*

(3) La *Voix de la Vérité.*

les Évêques de ces lamentables régions. Puis, quand la verte Erin a perdu son immortel Libérateur, il fait monter dans la chaire de Notre-Dame le prince des orateurs de ce temps pour offrir des hommages publics et inouïs à la mémoire de Daniel O'Connell (1).

Lasse de ses indicibles tortures, la Pologne avait fait des efforts désespérés pour reconquérir son indépendance et rester fidèle à sa foi. En 1845, elle ne souleva ses chaînes que pour les voir plus cruellement appesantir sur ses membres mutilés. L'Archevêque de Paris donna à ces nouvelles victimes les plus tendres marques de sa charité (2); et, lorsqu'en 1848, les Polonais proscrits reprirent avec tant d'ardeur et d'espoir le chemin de la patrie absente, le Pontife tendit encore sa main compatissante pour ceux qui allaient mourir. Ce fut l'un des derniers actes publics de son autorité (3). Que les bénédictions des exilés l'accompagnent au ciel; qu'elles y montent fraternellement unies avec les nôtres, et qu'une même reconnaissance pour l'auguste victime resserre encore l'indissoluble amour de la Pologne et de la France !

(1) Cette oraison funèbre fut prononcée le 10 février 1848, par le R. P. Lacordaire, et Monseigneur l'Archevêque l'avait accordée aux instances du *Comité pour la défense de la liberté religieuse* et du *Comité de secours pour l'Irlande.*

(2) 17 novembre 1845.

(3) 4 avril 1848.

IV.

Administration diocésaine.

Quels furent maintenant les principaux traits de l'administration de Monseigneur Affre?

Une sollicitude très-vive pour les intérêts de son clergé le porta à favoriser le développement de son petit séminaire. Jamais cet établissement si important n'avait acquis une telle renommée que sous la direction admirable de M. l'abbé Dupanloup; et l'Archevêque put voir avec une juste satisfaction le séminaire de Paris jeter le défi pour la force moyenne des études à tous les collèges de la capitale. Quant à l'éducation, le parallèle même n'était pas possible.

Monseigneur Affre eut aussi la consolation de terminer en quelque sorte de longs et pénibles débats entre l'autorité ecclésiastique et l'autorité civile, à propos des refus de sépulture ecclésiastique. Une jurisprudence incertaine et arbitraire favorisait les scandales. Après une scène désolante dont Périgueux avait été le théâtre, Monseigneur l'Archevêque adressa au ministre un mémoire signé (1) par plusieurs jurisconsultes; et une circulaire conforme aux vérita-

(1) Ce mémoire, rédigé par l'auteur de cette notice, a été revêtu des adhésions de MM. Pardessus, Gossin, Béchard, Mandaroux-Vertamy, Fontaine, Bonnet, Lauras, de Saint-Malo, etc. L'instruction ministérielle est du 16 juin 1847.

premières *Observations*. Ce langage de paix et de conciliation ne fut point écouté du pouvoir.

En 1844, le débat se renouvelle avec plus de vigueur. L'Archevêque de Paris résolut de donner un grand exemple. De concert avec les Évêques suffragants de sa métropole, il rédigea et adressa au roi le célèbre *Mémoire* (1), qui demeurera comme l'un des plus magnifiques monuments de l'énergie épiscopale. Il est impossible de défendre le bon droit avec plus de loyauté et de noblesse. Nous le disons avec confiance : que les esprits les plus prévenus lisent ce précieux document ; qu'ils lisent les autres *Actes* émanés des diverses églises, et tous seront frappés de la sincérité et de la force de l'argumentation, du ton de conviction profonde et d'irrésistible persuasion qui y règnent.

Ainsi qu'on devait s'y attendre, le retentissement de cette solennelle démarche fut immense. Elle combla de joie les catholiques, elle atterra le pouvoir. Ce fut le signal de protestations analogues qui partirent de toutes les chaires épiscopales. L'Université était aux abois, le Ministère ne savait comment se

---

(1) Ce *Mémoire* se trouve en tête du *Recueil des Actes épiscopaux*, publié par le *Comité pour la défense de la liberté religieuse*, et mis en ordre par le secrétaire de ce comité. 4 vol. gr. in-18o, chez Lecoffre et Cie, rue du Vieux-Colombier, 29. — 1845-46.

soustraire à cette explosion de griefs si justes et si applaudis.

Ne pouvant répondre, le cabinet essaya de se venger. M. Martin (du Nord) imagina de censurer et l'acte lui-même et surtout le concert avec lequel il avait été délibéré. Une lettre publiée dans le *Moniteur* (1) déclara à l'Archevêque de Paris « que le Gouvernement du roi improuvait l'œuvre qu'il avait souscrite, et parce qu'elle blessait gravement les convenances, et parce qu'elle était contraire au véritable esprit de la loi du 18 germinal an X. » « Cette loi, ajoutait le ministre, interdit en effet toute délibération dans une réunion d'Évêques non autorisée. Il serait étrange qu'une telle prohibition pût être éludée au moyen d'une correspondance établissant le concert et opérant la délibération sans qu'il y eût assemblée. »

A cette incroyable sortie, à cette invention d'un *concile par écrit*, Monseigneur Affre répondit par une lettre (2), modèle de dignité et de raison. En voici quelques passages :

« Monsieur le ministre,

» Votre lettre du 8 de ce mois m'est parvenue au moment où, comme Évêque conservateur, j'étais

(1) Le 8 mars 1844.
(2) Cette lettre, datée du 13 mars, se trouve également dans le *Recueil* précité, t. I, p. 167.

Quant au choix des personnes, on nous permettra
de nous féliciter avec tous les chrétiens de l'avoir vu
appeler aux dignités ecclésiastiques ou au gouvernement des paroisses les hommes les plus distingués
et les plus capables.

Enfin à son épiscopat se rattachera la continuation
de la grande œuvre des Conférences de Notre-Dame ;
et les noms du P. Lacordaire et du P. de Ravignan
jetteront sur cette partie de son administration un
immortel éclat.

V.

Écrits politiques. — Fermeté apostolique de l'Archevêque de
Paris.

Un dernier trait reste à considérer dans le caractère de l'Archevêque de Paris. Nous avons vu le pasteur en présence des fidèles et gouvernant son troupeau. Il faut considérer le prince de l'Église, parais-
sant au dehors, se rencontrant avec les puissances
de la terre et revendiquant les droits et l'indépendance de la conscience et de la foi.

L'une des plus belles pages de nos annales con-
temporaines, si peu fécondes en modèles de désin-
téressement et de courage, sera sans contredit
l'histoire de la lutte soutenue par les Évêques et le
clergé de France en faveur de la liberté de l'Église

et de la liberté de l'enseignement. Justice, légalité, dignité, modération, tout est du côté de l'épiscopat. Et, tandis que les catholiques fidèles bénissent l'intrépide fermeté de leurs pasteurs, le vicaire de Jésus-Christ, le grand pape Pie IX leur donne le plus haut et le plus puissant encouragement en leur répétant de « persévérer avec une ardeur nouvelle » à défendre vaillamment, ainsi qu'ils le font, comme » d'intrépides soldats de Jésus-Christ, avec toute la » constance épiscopale, avec sagesse et patience, la » doctrine, les droits, la liberté de l'Église catholi- » que (1). »

Or, au milieu des unanimes protestations de nos Évêques, la parole de Monseigneur l'Archevêque de Paris fut l'une des plus hardies et des plus vigilantes. Placé en quelque sorte au premier rang sur la brèche, il jeta le cri d'alarme et n'abandonna jamais le poste de péril et de combat que la Providence lui avait confié.

Dès le 25 février 1841, dans une lettre à M. le comte de Montalembert, lettre qui fut rendue publique, il déclara hautement qu'il prenait parti pour la liberté ; et devant ses réclamations, devant celles de ses vénérables collègues, le projet de loi fut retiré.

En 1843, Monseigneur l'Archevêque publie ses

(1) Allocution prononcée dans le Consistoire secret du 11 juin 1847.

nait d'être préconisé par M. Cousin. Monseigneur l'Archevêque jugea que son devoir ne lui permettait pas de garder le silence. «Dieu le veut, dit-il (1); il doit être obéi. Engagé dans une lutte où, à défaut de tout autre avantage, nous avons la supériorité incontestable du droit, nous continuons nos réclamations, et nous les renouvellerons longtemps encore.» Et en quelques heures il rédigea un Mémoire qui est sans contredit une des meilleures publications de polémique que nous connaissions.

Mais il ne suffisait pas au savant prélat de réfuter les sophistes; il voulut aussi opposer à l'enseignement ténébreux de l'erreur les pures lumières de la vérité évangélique, et de cette idée sortit un petit ouvrage, véritable livre d'or (2) de la jeunesse chrétienne, où la voie est toute tracée à l'intelligence libre et raisonnable pour arriver à la connaissance et à l'amour des dogmes révélés. C'est l'*Introduction philosophique à l'étude du christianisme;* et le plus juste éloge que nous en puissions faire, c'est de dire qu'il a été répandu par milliers d'exemplaires, et qu'il est devenu le compagnon indispensable de tout chrétien studieux et éclairé (3).

(1) *Mémoire* sur l'enseignement philosophique adressé à la chambre des Pairs, 1844. Paris, Ad. Leclère, in-8°.

(2) *Aureus verè libellus.*

(3) Un vol. in-18. Paris, Ad. Leclère, 1845-47. Il a eu cinq éditions rapidement épuisées.

Voilà comment le savant et courageux Pontife remplissait le rôle de vigilance que l'Église impose aux sentinelles avancées du sanctuaire ; et nous pouvons dire de lui qu'il obéissait sans peur et sans reproche à la volonté de Dieu, qui, selon saint Anselme, *n'a rien tant à cœur que la liberté de son Église* (1).

C'est encore le soin de cette divine indépendance qui lui inspira de porter un dernier coup à l'absurde juridiction des *Appels comme d'abus*. Le Conseil d'État se débattait sous l'incurable blessure que la main de Timon lui avait faite, et le fer du ridicule était demeuré dans la plaie. Monseigneur l'Archevêque de Paris, réunissant tout l'effort de la science et de l'argumentation, ruina pour jamais une institution (2) « qui se trouve en opposition avec le principe de la liberté des cultes, qui produit des résultats absurdes, qui est dépourvue de franchise, dont le seul motif est de calmer la mauvaise humeur des ennemis du gouvernement, et dont le seul effet est de froisser inutile-

(1) *Nil magis diligit Deus quàm libertatem Ecclesiæ suæ.* AN-SELMI ep. IV—6.

(2) *De l'Appel comme d'abus.* Un vol. in-8° de 320 pages. Paris, Ad. Leclère, 1845. Cet ouvrage est suivi d'une brochure sur la controverse entre les gallicans et les ultramontains. Monseigneur Affre essaie de rapprocher les partisans des deux opinions. Exclusivement dévoué pour notre part aux doctrines romaines, nous n'entrerons pas dans l'appréciation de cet écrit.

obligé de retracer à un nouveau collègue et de me rappeler à moi-même les grands et difficiles devoirs que l'Église nous impose. Le même soir, j'étais invité à les méditer sur la tombe du vénérable doyen de l'épiscopat français. Signataire du Mémoire que vous avez censuré, l'Évêque de Blois vient de rendre le compte que je rendrai moi-même un jour. Heureux si je pouvais présenter à Dieu tous les actes de ma vie avec la même confiance !

» Je ne me défendrai pas, Monsieur le ministre, sur le respect des convenances que vous pensez avoir été méconnu : un sentiment général a déjà répondu que ce n'est pas à nous que peut être adressé ce reproche. »

Puis l'Archevêque fait complète justice des ridicules et tyranniques prétentions du Ministre, au sujet de l'article 4 du décret de l'an X.

La colère est une mauvaise conseillère : le gouvernement du roi commençait à s'en apercevoir. Mais quel ne fut pas son dépit quand il vit l'Archevêque étendre le débat, invoquer l'appui et le concours de ses collègues, et recevoir bientôt les adhésions les plus fortes, les plus gravement motivées de tout l'épiscopat (1) !

(1) Ces adhésions ont toutes été publiées pour la première fois dans le *Recueil des actes épiscopaux*, t. II et t. III.

Parmi ces adhésions, c'est pour nous un devoir et une consolation de signaler celle qui fut adressée sous forme de *Mémoire* par Monseigneur l'Évêque de Digne. Ce document est sans réplique. Son étendue, la logique entraînante de ses preuves, le calme et l'élévation des arguments en font une œuvre d'un rare mérite et d'une importance capitale. Avec quel bonheur ne rappelons-nous pas cette conformité de vues et cette communauté de dévouement à l'indépendance de l'Église entre notre illustre Pontife et celui que, dans l'infinie bonté de sa miséricorde, le Seigneur devait nous donner pour successeur de ses héroïques vertus (1) !

La discussion fut bientôt transportée aux chambres, et le cœur des catholiques tressaille encore au souvenir de ces grands débats où la liberté trouva de si éloquents, de si infatigables vengeurs (2).

L'enseignement philosophique de l'Université ve-

(1) Monseigneur l'Évêque de Digne a été nommé à l'archevêché de Paris par acte du Pouvoir exécutif, le 15 juillet 1848. Le prélat a comblé les vœux de tous les catholiques en acceptant la haute et périlleuse dignité qui lui était offerte. Aucun choix ne pouvait être plus heureux pour l'antique Église de Paris que celui de l'auteur des *Institutions diocésaines* et du *Mémoire* que nous venons de citer.

(2) Les discours de M. le comte de Montalembert, de M. le marquis de Barthélemy, de M. le comte Beugnot, resteront à l'immortel honneur de la cause qu'ils ont si admirablement déendue.

On ne se figurerait jamais à quel degré d'insistance et à quels honteux moyens des hommes d'État et le Chef du gouvernement lui-même ne rougissaient pas de descendre pour lasser sa patience et surprendre sa droiture. Qu'il nous suffise de rappeler que lorsque l'Archevêque voulut faire monter dans la chaire de Notre-Dame le R. P. Lacordaire, on le menaça d'un nouveau 13 février et on ajouta que l'autorité publique l'abandonnerait à l'émeute, ne voulant pas, ajoutait-on, soutenir une illégalité. Monseigneur Affre ne se laissa pas intimider et exigea que si de pareilles alarmes étaient fondées, on eût à les lui faire communiquer officiellement afin de dégager sa responsabilité. Il ne se trouva pas un ministre pour lui écrire une semblable lettre. L'illustre Dominicain parut dans la métropole au milieu de la joie et de l'enthousiasme universels; et les fidèles ne purent pas même se douter de la lutte à outrance que cette victoire coûtait à leur premier Pasteur.

C'est que, par une admirable grâce de Dieu, l'Archevêque de Paris unissait à la fermeté la simplicité la plus vraie et qu'il faisait naturellement, naïvement, si nous osions le dire, les plus héroïques choses du monde. Sa piété, son austérité, sa modestie, son invincible amour du bien lui rendaient faciles les démarches les plus graves. Il ne comprenait pas qu'on pût hésiter à remplir une obligation quelle qu'elle fût, et quand on le félicitait sur ses actes, quand on lui témoignait la reconnaissance à laquelle il avait droit, il s'en étonnait, ne concevant pas qu'on le louât d'avoir vu son devoir et de l'avoir accompli jusqu'au bout !

Tel fut, tel est apparu du moins à notre respectueux souvenir, le grand Pontife dont la vie, devant ses enfants comme devant ses adversaires, au dedans comme au dehors, fut un long acte de foi, d'étude, de droiture et de courage.

VI.

Vie intime de Monseigneur l'Archevêque.

Avant d'arriver au récit de ses derniers instants, qu'il nous soit permis de le contempler dans son existence intime et de soulever un coin de ce voile où s'enfermait sa noble et sévère modestie.

Monseigneur Affre avait l'horreur du faste et des grandeurs, et il souffrait des obligations que lui imposait son rang. Et cependant plus que personne il demandait à être connu de près pour être apprécié, et presque toujours les esprits les plus prévenus se retiraient changés et satisfaits quand ils avaient été admis à converser avec lui.

La rigoureuse austérité de ses mœurs lui donnait le droit d'être très-sévère pour la discipline, sans ment le clergé par des censures inutiles, et d'affaiblir la confiance et le respect pour les lois de l'État (1). »

Après un semblable livre, c'en est fait de l'*appel comme d'abus*. Il ne subsistera plus que comme une des plus étranges curiosités de l'arsenal du passé ; et Monseigneur l'Archevêque de Paris aura l'honneur de l'avoir rayé de nos Codes (2).

(1) *De l'Appel comme d'abus*, passim. Voir surtout la conclusion.

(2) Une dernière controverse occupa vivement l'Archevêque de Paris. On nous permettra de nous contenter de la mentionner ici. C'est le débat relatif au chapitre de Saint-Denis. Monseigneur Affre n'était pas favorable aux exemptions. C'était la suite de ses opinions gallicanes. Nous sommes loin de partager son avis à cet égard, et nous nous sommes empressé de vénérer la bulle du Saint-Siége dans laquelle le Pape faisait, par l'institution du nouveau chapitre, un acte de cette juridiction souveraine qui lui appartient de droit divin. Monseigneur Affre redoutait ensuite les périls que pouvait faire courir à l'indépendance et à la dignité du caractère sacerdotal l'usage qu'un pouvoir peu scrupuleux sur le choix des moyens, ferait de la concession du Saint-Père. A ce point de vue, nous partagions toutes les alarmes du Pontife. Aujourd'hui l'affaire n'est pas terminée, et il n'y a. pas lieu de penser qu'il y soit donné suite de longtemps, au moins du côté du pouvoir temporel. Nous n'en dirons pas davantage, et nous nous bornerons à rappeler que Monseigneur avait rédigé à cette occasion deux écrits, un *Mémoire* qui ne fut pas publié et qui fut seulement communiqué à un petit nombre de personnes, et un opuscule intitulé : *Chapitre de Saint-Denis. — Histoire de sa fondation, des négociations pour obtenir son exemption, et discussion de ce privilége.* 1 vol. in-18 de 181 p. Ad. Leclère, Paris 1847.

Tous ces faits parlent assez haut. Ils redisent ce que la postérité admirera dans les actes de l'Archevêque de Paris : un courage au-dessus de toute crainte et sachant merveilleusement allier la franchise et l'énergie avec les convenances et le respect.

Et, à ce propos, nous voudrions pouvoir répéter les innombrables preuves qu'il donna de cette fermeté calme et simple qui était l'habitude de sa vie, et qu'il portait non-seulement dans les circonstances d'apparat, mais dans ses relations les plus intimes avec les agents et les dépositaires du pouvoir. On sait combien de fois la tranquille liberté de son langage, aux jours de réception officielle, excita dans les salons des Tuileries les mécontentements les plus caractérisés. On en vint même à supprimer l'insertion d'un de ses discours au *Moniteur*. De ce moment l'Archevêque résolut de ne plus prononcer aucune harangue. En vain les instances, les séductions, les menaces furent-elles essayées. Il se retrancha dans sa détermination et le débat fut clos par cette remarquable parole : « *Le roi nous laissera du moins la liberté du silence.* »

Or, pour se rendre compte de la haute valeur de ces apostoliques résistances, il faudrait avoir connu les incroyables obsessions dont le prélat était entouré par la cour ; il faudrait lui avoir entendu répéter les manœuvres et les intrigues dont il était poursuivi.

cet enfant. » Et le baptême se fait avec la pompe épiscopale ; qu'on juge de la surprise et de la joie des parents. La marraine surtout ne pouvait contenir son émotion, elle pleurait à chaudes larmes et se jeta aux genoux de l'Archevêque. Le père était profondément attendri. C'était autant d'âmes gagnées par un acte de bonté.

Mais il faut nous arracher à ces touchants détails, les jours et les heures du prélat sont comptés et l'espace nous manque à nous-même.

Recueillons-nous maintenant : toute noble et pure qu'ait été cette vie de dévouement, de science et de vertu, elle s'efface devant la majesté de la mort. Ici il n'y a plus que la sublime simplicité de l'héroïsme et de la sainteté. Nous allons écrire les actes d'un martyr.

TROISIÈME PARTIE.

————

Était-ce un pressentiment prophétique ou un secret avertissement du Dieu de toute grâce et de toute charité? Nous n'osons le dire ; mais qui ne partagerait jusqu'aux larmes l'émotion dont nous avons été frappé en ouvrant les œuvres de l'Archevêque de Paris, et en lisant dans son Mandement de prise de possession, daté du jour même où il recevait l'onction pontificale (6 août 1840) :

« LA PAIX SOIT AVEC VOUS... NOUS NE VENONS NI GOUVERNER, NI TROUBLER LA CITÉ, MAIS OFFRIR UNE VICTIME ! — *Pacificusne est ingressus tuus? Et ait: Pacificus, ad immolandum Domino veni* (1). »

Or voici comment, au jour fixé par l'éternel dessein de la Providence, le Pontife de paix accomplit cet holocauste, qui devait être celui de son propre sang.

————

(1) Mandement à l'occasion de la prise de possession de son siége. 6 août 1840, p. 16.

ôter rien à la douceur et à la bénignité de son caractère. Il était très-accessible à la discussion, et la con-
tradiction franche et polie ne lui déplaisait pas. Assez entier dans ses opinions, il pouvait se laisser
entraîner contre ceux qui ne les partageaient pas, et
parfois il exprimait ses sentiments avec une net-
teté un peu vive; mais il revenait aisément sur une
première impression, et nul mieux que lui ne savait
se réconcilier, réparer un tort ou consoler le repentir.

Il était bienveillant avec tout le monde, et sa prin-
cipale application fut de s'élever au-dessus des divisions politiques pour tendre la main indistinctement à
tous ses enfants. C'est ainsi que, selon le bel éloge
des vicaires généraux capitulaires, « il eut l'insigne honneur de ne satisfaire jamais pleinement
les partis, tant il resta dans la vérité. » C'est ainsi
encore que son salon se trouvait le rendez-vous
des hommes les plus marquants et appartenant aux
opinions les plus contraires. Il y avait quelque chose
de noble et de consolant, en ces jours de discordes,
à voir rassemblés sur le terrain neutre de la religion
les gloires de l'Empire, les célébrités de la Restau-
ration, les Ministres en exercice et quelques-uns des
soutiens de la République future.

Mais sa prédilection était pour les pauvres, pour
les faibles, pour les ouvriers. On se rappelle com-

bien les besoins des classes laborieuses et souffrantes touchaient son cœur et absorbaient ses méditations. On sait combien il encourageait les œuvres destinées à soulager tant de misères. Il aimait lui-même à se rapprocher du peuple, à se mettre dans ses rangs, à l'attirer vers lui, à lui faire franchir la distance qu'imposait le respect. Jamais il n'était plus heureux qu'aux jours de confirmation, quand il se rendait au sein des paroisses les plus populeuses des faubourgs et de la banlieue. Par un touchant souvenir de celui qui disait « Laissez venir à moi les petits enfants, » les mères s'empressaient de lui amener leurs fils et leurs filles. Il les interrogeait, il leur donnait quelque douce parole et il les bénissait. C'est dans une de ces visites pastorales qu'il engagea, par ses simples et familières exhortations, la population de la Gare à construire une église; et sur ces esprits incultes, c'était un beau triomphe.

Un autre jour il arrivait dans une église pour donner le sacrement de confirmation; en même temps une famille présentait un enfant au baptême. A la vue de l'Archevêque, le curé annonce que le baptême ne pourra avoir lieu qu'après la cérémonie. Monseigneur entrait; il s'aperçoit que ce retard paraît indisposer vivement le parrain. « Monsieur le curé, dit-il en élevant la voix, conduisez-nous aux fonts, nous allons d'abord commencer par baptiser

par ces humbles détails que se découvre toute la sollicitude du Pontife.

Lors de la bénédiction de l'arbre de la liberté planté au parvis Notre-Dame, Monseigneur Affre, qui avait voulu présider lui-même à cette cérémonie, s'empressa de donner à la foule émue et reconnaissante les conseils les plus salutaires avec cette liberté de langage qu'il portait dans le palais des rois.

C'est ce double sentiment d'indépendance et de concorde dont les inspirations dictèrent le magnifique Mandement qui ordonne des prières pour la France (1), où l'Archevêque rappelle les droits de l'Église en saluant l'ère nouvelle qui se lève sur la patrie et où il prononce en terminant ces belles paroles :

« Peuple de Paris, nouveau Samson, il t'a suffi de secouer un instant les colonnes d'un immense édifice pour en faire un monceau de ruines. Souviens-toi qu'il te faut encore plus de force morale pour conserver la paix et la liberté à ton illustre cité. Souviens-toi que ton incomparable courage, que nul peuple n'a égalé, ne saurait te sauver sans le secours de Dieu. Invoque-le donc, ce Dieu qui a fait à la France une si belle part dans le monde. Qu'elle inter-

(1) Du 3 mars 1848.

roge ses annales, elle y apprendra que ce qu'elle a
été par son indomptable valeur, par sa généreuse assistance à tous les peuples opprimés, par les beaux
génies qui élevèrent si haut sa gloire dans les sciences,
la littérature et les arts, elle le doit au Dieu des
chrétiens, à ce Dieu que nous vous conjurons d'im-
plorer aujourd'hui afin que sa lumière nous éclaire,
que sa force nous soutienne et que sa bénédiction,
une fois descendue sur nous, demeure à jamais ! »

« Dieu seul, ajoutait-il dans son Mandement (1) à
l'occasion de l'ouverture de l'Assemblée nationale,
est la source féconde de la véritable liberté, de la
véritable fraternité : lui seul concilie les intérêts en
apparence les plus opposés, fonde d'une manière
stable l'union des cœurs et fait d'une grande nation
une famille de frères ! »

Hélas ! avant de se réaliser, ce noble vœu devait
coûter la vie au pieux Archevêque !

De sourdes et menaçantes convulsions agitaient la
grande ville. Comprimée le 16 avril, un moment vic-
torieuse dans l'audacieux coup de main du 15 mai,
fortifiée par le succès des élections du 6 juin, l'insurrection grondait depuis plusieurs jours et tenait

---

(1) Du 4 mai 1848. Ce mandement annonçait qu'une messe
solennelle du Saint-Esprit serait dite à la cathédrale le 8 mai.
Un grand nombre de représentants y assistèrent.

I.

Monseigneur Affre pendant les premiers mois de la République.

Le coup de tonnerre du 24 février avait trouvé l'Archevêque de Paris aussi calme et aussi intrépide que par le passé. Il savait que la religion plane au-dessus des tempêtes politiques, et que les déchire-ments de la patrie ne sont pour l'Église qu'une occasion plus favorable d'ouvrir les trésors de son dévouement et de sa miséricorde. L'attitude qu'il avait prise à l'égard du pouvoir tombé, la justice que le peuple vainqueur rendait à l'auguste indé-pendance de sa foi, lui donnaient le droit de ne rien craindre et de tout espérer.

Les barricades étaient encore debout, que l'Arche-vêque réclamait des prières publiques pour les morts et des secours pour les blessés (1). Cette pieuse ini-tiative lui attira les bénédictions universelles ; et lorsque, quelques jours après, il parcourut les hôpi-taux, on vit les combattants se soulever de leur lit de douleur pour baiser les mains paternelles de leur pontife et de leur pasteur.

Un autre jour, en rentrant à son hôtel, il trouva la cour encombrée d'hommes armés ; c'étaient les

(1) Mandement du 24 février 1848.

nouveaux enrôlés de la garde nationale mobile, qui venaient le supplier de bénir leur drapeau. Singulier et touchant rapprochement : cinq mois après, l'Archevêque devait tomber mortellement frappé au milieu de ces héroïques volontaires dont il avait en quelque sorte consacré les armes.

Le peuple avait triomphé, mais le peuple souffrait. Le prélat se fit tout à tous; sa charité devint plus pressante et plus active encore : il semblait que son amour pour les pauvres redoublât avec leurs misères, et qu'il voulût laisser plus de regrets à ses enfants bien-aimés. Sans cesse les ouvriers venaient le trouver, et il épuisait pour eux ses ressources et ses conseils.

« Mon cher ami, écrivait-il le 29 mai au secrétaire de la commission des livres, je vous prie d'examiner une suite de tableaux peints sur verre et le texte explicatif. Ils sont destinés à l'enseignement élémentaire de l'histoire. C'est, m'assure-t-on, le moyen de faire travailler 3,000 ouvriers. Je désire que cet examen soit gratuit et qu'après l'avoir fait, les tableaux soient rendus aux ouvriers (1). » C'est

(1) « Cette lettre, dit la *Démocratie pacifique*, qui l'a publiée la première, montre avec quelle sollicitude Monseigneur l'Archevêque s'occupait du sort des ouvriers et saisissait les moindres occasions de leur être utile. »

les citoyens dans d'inexprimables angoisses. Elle éclata enfin le 23 juin avec une fureur inouïe.

Dès le premier coup de feu, tout le monde comprit que ce n'était plus une émeute ordinaire : c'était la guerre sociale, avec son cortége de crimes et d'horreurs.

II.

Monseigneur Affre pendant l'insurrection de juin. — L'Archevêque est frappé mortellement à la barricade du faubourg Saint-Antoine.

Il ne nous appartient pas de décrire ici les phases terribles de cette lamentable lutte. La plume se refuse à tracer ces scènes cruelles où l'héroïsme le dispute à la frénésie, où la cause sacrée de l'ordre et de la société inspira de si sublimes courages, et où l'anarchie se défendit avec une si indomptable opiniâtreté. Le cœur saigne à la pensée que tout ce carnage était l'œuvre de mains fraternelles; et nous n'avons qu'à répéter dans l'amertume de notre douleur le mot du chancelier de L'Hôpital : « *Excidat illa dies ævo !* »

C'est d'ailleurs sur un plus consolant spectacle que nous voulons arrêter les regards, et nous avons à parler de la seule mort qui ait été accueillie par des larmes de joie et de reconnaissance.

Monseigneur l'Archevêque s'était rendu le ven-

6

dredi matin dans la paroisse de Saint-Etienne-du-Mont pour y administrer le sacrement de confirmation. Ce point étant devenu dès le premier moment le quartier général des insurgés, le prélat s'y vit bloqué pendant deux jours ; et ce n'est que le samedi 24 qu'il put regagner son hôtel de l'île Saint-Louis.

Dire ce que son cœur souffrait au bruit de la fusillade et au sombre roulement du canon, nous n'essaierons pas de l'entreprendre. Armés les uns contre les autres, les enfants qu'il rassemblait dans un commun amour s'égorgeaient sous ses yeux ; le spectacle de la désolation et de la mort avait navré son âme pendant le trajet.

Durant ces deux longues journées, il n'avait cessé de conjurer le Dieu des batailles de mettre un terme à cette effroyable lutte.

Le dimanche matin, après avoir offert pour sa malheureuse ville le très-saint sacrifice, il prit la résolution de se jeter entre les combattants, de parvenir jusqu'aux insurgés et de les supplier de déposer les armes.

Ce ne fut point l'effet d'un élan d'enthousiasme. Tout était calme et profondément simple dans les héroïques pensées de l'Archevêque. Il calculait paisiblement les chances diverses : il espérait que ces malheureux, sourds jusque-là à toutes les tentatives, ne résisteraient peut-être point à la voix de la religion et à la vue de cette croix sainte, pour laquelle le peuple de Paris avait montré naguère tant de vénération.

On venait d'apprendre que le brave général de Bréa, ayant voulu essayer sa médiation, avait été retenu par les insurgés; on ajoutait qu'il avait été fusillé ainsi que son aide de camp (1). « L'idée de la captivité et de la mort se présentait donc à lui et il répétait : « *Ma vie est bien peu de chose* (2) ! »

« Mais il fallait arriver jusqu'aux barricades, il fallait franchir les rangs de la garde nationale et de l'armée. Monseigneur l'Archevêque pensa que le chef du pouvoir exécutif ne refuserait pas de lui faciliter ce passage, et, accompagné de deux de ses vicaires généraux (3), les seuls que l'émeute ne tînt pas forcément séparés de lui, et qui sollicitèrent la grâce de le suivre dans cette belle mission, il se rendit à pied auprès du général Cavaignac, à l'hôtel de la

(1) Ce fait était malheureusement vrai. On frémit au détail des tortures infligées à ces nobles victimes du dévouement et de l'honneur.

(2) Nous empruntons la presque totalité de ces détails au récit si simple et si touchant qu'un de MM. les vicaires généraux, compagnon et témoin du dévouement de l'Archevêque, a publié avec l'approbation de l'autorité ecclésiastique. Rien ne vaut l'éloquente autorité de ce témoignage, et nous avons été heureux d'en conserver jusqu'à l'expression.

(3) MM. Jaquemet et Ravinet.

Présidence, le dimanche 25, sur les quatre heures du soir.

» Son passage à travers les rues et les quais de la grande ville, devenue méconnaissable et transformée en une sorte de camp militaire, fut marqué par mille bénédictions, par mille scènes de touchant attendrissement. Cette population devinait sa pensée et comprenait, avec cet instinct admirable qui la caractérise, qu'avec lui passait un gage de paix, un symbole d'espérances. Les mères osaient franchir le seuil de leurs demeures pour se jeter à ses pieds avec leurs enfants. Sans avertissements préalables, les tambours battaient aux champs, les officiers et les soldats rendaient les honneurs militaires, et de bien des rangs partaient ces cris : Vive la religion ! Vive la République ! Vive l'Archevêque !

» Le général Cavaignac ne se borna pas à donner son assentiment au désir de l'Archevêque; il bénit sa pensée et exprima avec attendrissement l'espérance que cette belle et religieuse démarche serait couronnée de succès.

» Le digne prélat est parti, dit le *Moniteur*, emportant la dernière proclamation adressée par le général Cavaignac aux insurgés (1).

(1) Voici la note que contenait à ce sujet le journal officiel :
« Monseigneur l'Archevêque de Paris, accompagné de ses grands vicaires, s'est spontanément rendu auprès de M. le

Le retour du prélat jusqu'à l'île Saint-Louis fut une marche triomphale : on savait son admirable dessein. Les troupes présentaient les armes ; soldats, gardes nationaux se mettaient à genoux et sollicitaient sa bénédiction. Sur la place du Parvis-Notre-Dame, il fallut qu'il passât dans tous les rangs de la garde nationale, de la garde nationale mobile, de la ligne, de la garde républicaine.

Il aurait voulu entrer à l'Hôtel-Dieu ; mais le temps s'avançait. « Nous reviendrons demain visiter les pauvres blessés, » dit-il à l'un de ses grands-vicaires. Le lendemain il devait être lui-même couché sur son lit de mort.

Il ne s'arrêta que peu d'instants pour prendre à la hâte quelque nourriture et pour renouveler ses vêtements (1), et il repartit.

Il se dirigeait vers le faubourg Saint-Antoine, où

général Cavaignac, chef du pouvoir exécutif, à l'hôtel de la Présidence. Il a offert d'aller porter lui-même des paroles de paix aux insurgés et de mettre au service de la République son dévouement et celui de son clergé. Le général l'a accueilli avec toute la considération que méritait une offre aussi généreuse et aussi vraiment chrétienne. »

(1) La chaleur était suffocante ; le trajet à pied du palais épiscopal à l'Assemblée avait été long et pénible. Monseigneur, souffrant depuis plusieurs mois, était exténué. Il abrégea son repas : « Mes amis, nous ne prendrons pas de dessert, dit-il en souriant, le temps nous presse et nous avons trop à faire. »

étaient concentrés les efforts désespérés de l'insurrection.

Rien ne se peut comparer à la calme sérénité de
ce saint Évêque, marchant au martyre et s'étonnant
des témoignages d'enthousiasme et d'amour dont il
était l'objet. « Dans toutes les rues qu'il avait à tra-
verser et qui venaient d'avoir tant à souffrir, les
marques de vénération et de reconnaissance s'aug-
mentaient de tout ce que venaient y ajouter l'horreur de la situation, le péril encore si menaçant, le
bruit de la fusillade et du canon qui tonnait à nos
oreilles. De jeunes officiers, des gardes mobiles, ces
héroïques enfants qui revenaient à l'instant du combat, tout noirs de poudre, couraient à nous et lui
prenaient les mains, plusieurs en rappelant que c'é-
tait lui qui les avait confirmés et en le conjurant de
ne pas s'exposer davantage; d'autres lui disaient:
« Bénissez nos fusils, nous serons invincibles. »

« Des femmes lui apportaient avec une naïve simplicité du linge et de la charpie, lui demandant que,
puisqu'il allait au milieu des blessés et des mourants,
il voulût bien s'en charger. « Sans doute, leur ré-
» pondait-il, je vais voir, en passant dans les ambu-
» lances, nos pauvres blessés; mais je me hâte d'ar-
» river aux barricades pour essayer de faire cesser le
» feu et empêcher qu'il n'y ait de nouvelles vic-
» times. »

« A mesure que nous avancions dans les rangs de l'armée et que nous touchions au lieu du combat, les officiers, émus jusqu'aux larmes, conjuraient l'Archevêque de ne pas poursuivre une tentative si périlleuse et probablement sans succès. Ils racontaient de récents malheurs, la mort du général Négrier, et de tant d'autres, de plusieurs parlementaires, du général de Bréa et de son aide de camp, et les autres catastrophes que nous voudrions ensevelir dans l'oubli. Il répondait avec calme et un sourire de bonté que, tant qu'il lui resterait une lueur d'espérance, il voulait s'efforcer d'arrêter l'effusion du sang.

» Il avançait donc toujours, visitant en passant les ambulances, bénissant et absolvant avec ses grands vicaires les mourants, et disant une parole de tendresse et de piété à chaque blessé. »

Une formidable barricade fermait l'accès du faubourg Saint-Antoine. C'est là que l'Archevêque s'arrêta. « Arrivé à l'officier supérieur qui commandait l'attaque, il lui fit connaître l'assentiment donné par le général Cavaignac à sa demande, et lui demanda en grâce de suspendre un moment le feu de son artillerie et la fusillade. « Je m'avancerai seul avec mes » prêtres, ajouta-t-il, vers ce peuple qu'on a trompé. » J'espère qu'ils reconnaîtront ma soutane violette » et la croix que je porte sur ma poitrine. » Cette

prière fut accueillie, et, malgré la gravité de la situation, l'ordre fut donné de suspendre le feu. Plusieurs gardes nationaux conjuraient l'Archevêque de
leur permettre de le suivre, et, s'il le fallait, de
mourir avec lui. Il ne le permit pas. Un brave ouvrier obtint seul la permission de marcher devant
lui en portant la grande palme verte qu'il avait choi-
sie pour symbole de ses intentions pacifiques. Quelques autres s'attachèrent à ses pas et le suivirent en
trompant sa vigilance.

» Nos espérances étaient dépassées. La barricade
avait cessé son feu, et ses défenseurs paraissaient
montrer des dispositions moins hostiles. A cette
bonne nouvelle, l'Archevêque traverse la place de la
Bastille, court avec ses grands-vicaires vers l'entrée
du faubourg Saint-Antoine, et un moment se trouve
au milieu des insurgés descendus sur la place, auxquels se mêlent plusieurs soldats, empressés sans
doute de fraterniser. Mais, en un clin d'œil, quelques collisions éclatent; le cri : *Aux armes ! à
nos barricades !* retentit; un coup de fusil part
accidentellement, nous le pensons, et aussitôt la terrible fusillade recommence avec énergie. Il était huit
heures et demie du soir.

» L'Archevêque avait tourné la barricade, il était
entré dans le faubourg par le passage étroit d'une
maison à double issue, et s'efforçait d'apaiser du

Monseigneur l'Archevêque de Paris aux barricades, le 26 juin 1848

ADÈLE GAISSE.

C. GEOFFROY

geste et de la voix la multitude qui semblait vouloir l'entendre et applaudissait à sa démarche, quand une balle l'atteignit dans les reins. « Je suis frappé, » mon ami ! » dit-il en tombant à l'ouvrier qui portait la palme verte. Les insurgés s'empressent autour de lui, le relèvent dans leurs bras, et l'emportent, par des issues qui leur sont connues, chez le curé de Saint-Antoine, la plupart en lui donnant des marques de vénération et d'amour, et en répétant : « Quel malheur ! il est blessé, notre bon père, notre » bon pasteur, qui était venu pour nous sauver ! » Dans ce court trajet, une balle frappa aussi, mais d'une blessure moins grave, un fidèle domestique qui avait réussi à suivre son maître.

» Des deux grands vicaires, séparés un instant de leur Archevêque par la confusion d'un pareil moment, l'un erra une partie de la nuit sans pouvoir pénétrer auprès du prélat, qu'il ne rejoignit que le matin ; l'autre, jeté au pied de la colonne de Juillet, y resta quelque temps exposé au feu de la barricade, puis traversa en courant la place de la Bastille au milieu du croisement des balles, qui n'atteignirent que son chapeau. Il apprit bientôt la blessure de l'Archevêque, le lieu de sa retraite, et put s'y faire conduire en obtenant le libre passage par quelques maisons du faubourg. Il trouva le vénérable prélat entouré, au presbytère de Saint-

Antoine, des soins les plus affectueux et les plus dévoués (1).

Nous n'avons pas voulu interrompre ce récit, plein de grandeur et de simplicité. Ces pages ont toute la majesté des actes de la primitive Église.

Le sacrifice était achevé, et la victime d'innocence et de paix venait de recevoir le coup mortel!

L'effet de cette scène sanglante est impossible à décrire : c'était à qui répudierait la honte de l'effroyable crime qui avait immolé le saint Pontife ; c'était à qui s'empresserait de le secourir. Les insurgés l'avaient entouré en pleurant de douleur ; ils l'avaient escorté jusqu'au presbytère ; la désolation sur le visage, ils montaient la garde à la porte de son asile : bien plus, ils recueillent des signatures qui attestent que ceux à qui l'Archevêque s'est adressé n'ont pas tiré sur lui et que le coup n'est pas parti de leurs mains (2). La consternation était peinte sur tous les visages : d'un côté la juste indignation et le

_____

(1) Récit des circonstances qui ont précédé et accompagné la mort de Monseigneur l'Archevêque de Paris, publié avec approbation de MM. les vicaires-généraux capitulaires. In-8°, Ad. Leclère, p. 3-4-5-6.

(2) Loin de nous la pensée de rechercher quel a été l'auteur volontaire ou involontaire de cette catastrophe ! Que la justice humaine accomplisse ses investigations. Pour nous, nous ne formons qu'un vœu, et c'est celui qui partait du cœur de l'auguste blessé, c'est un cri de grâce et d'oubli !

désir de venger ce forfait ; de l'autre, la douleur d'avoir été la cause d'un si cruel malheur !

Une heure après, la fusillade avait cessé pour ne plus recommencer avec un pareil acharnement, et, sur son chevet de douleur, le martyr put avoir la consolation de penser que son sacrifice aurait du moins hâté la fin de cette lutte fratricide !

L'oracle était accompli : « L'homme de paix avait offert son holocauste ! » Devant un tel spectacle, la parole manque et le cœur chrétien ne sait que se prosterner en silence et adorer, au milieu des larmes de l'amour et de la reconnaissance, le grand Dieu dont l'éternelle puissance inspire à ses saints de nouveaux et d'ineffables miracles !

III.

Agonie et mort de Monseigneur l'Archevêque de Paris.

Le sacrifice est consommé ; il nous reste à assister à l'agonie de la victime. Une fois de plus depuis dix-huit siècles, nous allons apprendre, près de cette couche ensanglantée, comment meurent les martyrs.

La nouvelle de la blessure de l'Archevêque se répandit immédiatement dans la ville. L'émotion, l'inquiétude, l'admiration tenaient les esprits en sus-

pens. Le nom du prélat était dans toutes les bouches
et chacun le redisait avec anxiété et bénédiction. On
arrêtait les prêtres au passage pour leur demander
des détails; les fidèles couraient aux églises offrir
pour leur pasteur les plus tendres prières. La foule,
à peine contenue par les gardes, assiégeait les abords
du presbytère de Saint-Antoine. Les journaux
retentissaient d'unanimes et de sincères éloges :
« L'homme de paix tombe au pied des barricades,
disait une feuille rédigée par une plume tristement
célèbre (1), et ces hommes, animés par le combat,
s'arrêtent tout à coup pour le relever et protester de
leur innocence; c'est alors que toute l'étendue de
leur faute leur apparaît : aussi les bras s'affaiblissent,
et les armes, en tombant des mains, laissent franchir
de formidables forteresses. »

L'Assemblée nationale témoignait par ses publiques démonstrations qu'elle s'associait au deuil
universel.

Et cependant voici ce qui se passait dans l'humble maison où l'auguste blessé avait trouvé un asile :

« L'Archevêque était couché par terre sur un matelas, comme un de ces blessés qu'il venait de visiter. La paix et la sérénité étaient sur son front. Son
grand-vicaire, qui venait d'apprendre toute la gra-

(1) Le *Peuple constituant*, dirigé par M. de Lamennais.

vité de sa blessure, se jette à genoux à côté de lui en lui baisant les mains et en lui redisant les paroles si souvent répétées dans les heures précédentes : *Bonus pastor animam suam dat pro ovibus suis;* le bon pasteur donne sa vie pour ses brebis. L'Archevêque lui dit aussitôt : « Grâce à Dieu, vous » n'êtes pas blessé. Je suis heureux de vous voir au- » près de moi, et vous et les bons prêtres qui » m'environnent. Je ne manquerai pas de secours » spirituels. »

» Dans la première heure, la douleur ne fut pas fort vive et n'annonçait pas au blessé l'extrême gravité de sa situation. Toutefois les médecins, sans avoir perdu tout espoir, craignaient qu'il ne passât pas la nuit, et il devenait nécessaire de lui faire connaître la vérité. Cette douloureuse démarche fut rendue facile par le pieux Pontife. Dès qu'il se trouva seul avec son grand-vicaire : « Vous avez un » devoir d'ami fidèle à remplir, lui dit-il; vous de- » vez m'avertir de ma situation : ma blessure est- » elle grave? — Oui, Monseigneur, très-grave; mais » nous ne sommes pas sans espoir, et nous prierons » tant pour vous! — Il est plus probable que j'en » mourrai, n'est-ce pas? — Oui, Monseigneur, » humainement, il est plus probable que vous en » mourrez. »

» Il se recueillit sans rien perdre de son calme, et

levant les yeux vers le ciel : « Mon Dieu, je vous
» offre ma vie ; acceptez-la en expiation de mes pé-
» chés et pour arrêter le sang qui coule. Ma vie est
» bien peu de chose ; mais prenez-la. Je mourrais
» content si je pouvais espérer la fin de cette horri-
» ble guerre civile, si mon sacrifice terminait tant
» de malheurs ! » Il répétait souvent : « Mon Dieu,
» mon Dieu, je remets mon âme entre vos mains :
» *In manus tuas, Domine, commendo spiri-*
» *tum meum* ; je vous ai offensé, je ne vous ai pas
» assez aimé ! Ayez pitié de moi selon votre très-
» grande miséricorde ! » Il goûtait ce mot de *misé-*
ricorde et disait : « Les souffrances même que
» vous m'envoyez sont un gage de votre miséricorde,
» puisqu'elles m'aident à purifier mon âme et à faire
» pénitence. » Puis, revenant vers la pensée de son
cher troupeau si cruellement frappé : « Dites-leur
» bien, dites aux ouvriers que je les conjure de dé-
» poser les armes, de cesser cette lutte atroce, de
» se soumettre aux dépositaires du pouvoir ; certai-
» nement le gouvernement ne les abandonnera pas.
» Si l'on ne peut leur procurer du travail à Paris, on
» leur en donnera ailleurs : dites-leur, pour leur
» plus grand bien, qu'ils se décident à partir. »

« On lui faisait remarquer que le feu avait cessé
peu après sa démarche, et qu'on était plein d'espérance qu'il ne recommencerait pas le lendemain.

Cette pensée semblait apporter du baume sur sa terrible blessure.

» Une inquiétude paraissait altérer la sérénité de son âme et la joie de son dévouement ; il la communiqua avec l'expression d'un vrai chagrin au confident intime de ses pensées : c'était la crainte que son héroïque démarche ne fût trop exaltée par les hommes. « Après ma mort, disait-il en soupirant, on » va me donner des éloges que j'ai peu *mérités*. » Les âmes chrétiennes apprécieront l'héroïsme de son humilité presque à l'égal de l'héroïsme de sa charité. Il appelait à son secours Marie, à laquelle il donnait le nom de mère. Il répétait alternativement le *Sub tuum præsidium*, la prière de saint Bernard : *Souvenez-vous, ô très-pieuse vierge Marie*, etc., et ces paroles : *Priez pour nous, pauvres pécheurs, maintenant et à l'heure de notre mort.* Il invoquait les anges, et, parmi les saints, surtout saint Denis, son patron et celui de l'Église de Paris, qui avait le premier versé son sang pour son Église. »

Bientôt le vrai disciple de Jésus - Christ voulut s'unir plus intimement à son maître et puiser une nouvelle énergie dans le pain des forts. « Il demanda à son grand - vicaire de recevoir sa confession ; peu après il lui demanda le viatique. Il était près de minuit. Pendant les préparatifs de cette pieuse cérémo-

nie, il se plaignait que les douleurs, devenues plus vives, l'empêchassent de se préparer suffisamment à la communion qu'il allait faire : « Aidez-moi, disait-» il ; parlez-moi du saint-sacrement. » Et il entrait avec recueillement dans les pensées de foi et de piété qui lui étaient suggérées.

» Son secrétaire particulier, averti par un prêtre dévoué qui avait franchi, sans craindre le danger, l'espace qui nous séparait de l'archevêché, était arrivé avec un second domestique ; M. le curé de Sainte-Marguerite était aussi accouru à la triste nouvelle. Le bon prélat disait à tous de bonnes et suaves paroles avec une parfaite liberté d'esprit. Il bénissait ses domestiques, et spécialement ce fidèle serviteur blessé à côté de son maître, qui s'était traîné de son matelas auprès de lui pour lui baiser encore une fois la main. Ils sanglotaient en l'entendant leur demander pardon des impatiences qui avaient pu lui échapper avec eux.

» Cependant tout était prêt pour la réception des derniers sacrements. Les prières ayant commencé, il y répondait avec calme au milieu de l'émotion des prêtres qui l'entouraient. Après avoir reçu l'extrême-onction, il renouvela avec fermeté la profession de sa foi, et spécialement de sa foi à la présence réelle de notre Seigneur Jésus-Christ dans le sacrement adorable de l'Eucharistie, qu'on venait d'apporter.

Le prêtre lui ayant dit que Jésus-Christ, qui avait souffert et qui était mort pour le salut du monde, venait le visiter et descendre dans son âme pour être sa force, pour l'aider à souffrir et à mourir aussi pour le salut de son troupeau, il se recueillit, goûta cette pensée, et reçut avec une sainte émotion le viatique des mourants. »

Il fallait que le sacrifice fût complet. « Tout le reste de la nuit fut accompagné de souffrances cruelles. Les plaintes qu'elles lui arrachaient étaient accompagnées de nouveaux élans de piété : « Mon » Dieu, que je souffre ! *non est dolor sicut dolor* » *meus.* Je vous offre mes souffrances ; que ma vo-» lonté ne s'accomplisse pas, mais la vôtre ! Mon » Dieu, je vous aime ; vous êtes mon père, le meil-» leur et le plus tendre des pères ! » Puis, revenant encore à son cher troupeau : « Mon Dieu, si je souf-» fre, je l'ai bien mérité, moi ; mais votre peuple, » votre pauvre peuple, faites-lui miséricorde ; *parce,* » *Domine, parce populo tuo, ne in æternum* » *irascaris nobis.* »

Cependant on voulut essayer de ramener l'Archevêque à son palais. On ne saurait se faire une idée du respect qui l'entoura : c'était une sorte de culte.

« Le matin, le docteur Cayol, son médecin et son ami, était enfin parvenu à le rejoindre, ainsi que le grand-vicaire qui en avait été vio'emment séparé

7

la veille. On chercha les moyens de transporter l'auguste blessé à l'Archevêché. Le maintien des barricades rendait ce projet presque impossible. Les insurgés, qui avaient veillé en silence pendant toute la nuit autour de l'asile qui avait reçu le bon pasteur, venaient avec anxiété chercher de ses nouvelles : les hommes, les femmes, les enfants montraient la plus vive émotion et laissaient couler des larmes en apprenant la triste réalité.

» Les grands-vicaires, le curé de Saint-Antoine, les autres prêtres présents y ajoutaient le récit des paroles admirables par lesquelles le bon pasteur les conjurait de déposer les armes et de profiter du délai qui venait de leur être accordé pour faire leur soumission ; on leur répétait surtout le vœu si ardent du Pontife blessé à mort : « Que mon sang soit » le dernier versé ! » Ils baissaient la tête avec une vive douleur ; et nous ne doutons pas que l'impression profonde produite dans l'immense faubourg par le dévouement pastoral n'ait contribué pour beaucoup à rendre la dernière résistance peu longue, et à hâter la pacification générale.

» Vers une heure, dès que le chemin fut ouvert, l'Archevêque fut placé sur un brancard fabriqué à la hâte ; des ouvriers du faubourg, des soldats, des gardes nationaux, réunis par une affection et des regrets communs, ne se disputaient plus que l'honneur de porter ce précieux fardeau. Un cortége, formé à la hâte de soldats et d'officiers des différents corps, se mit en marche avec les prêtres, les médecins, les serviteurs du prélat ; une longue haie de peuple pénétré de respect, de douleur, d'admiration, la garde nationale et les troupes, pleines des mêmes sentiments et rendant les honneurs militaires, l'accueillaient sur son passage. On se jetait à genoux et l'on faisait le signe de la croix, comme devant les reliques d'un martyr. Des prêtres accourus de tous les points de Paris le reçurent à l'Archevêché tout baignés de larmes, mais aussi tout fiers de la gloire si sainte de leur Pontife.

» Paris tout entier partageait ce double sentiment ; et, au milieu de si grands malheurs, ce malheur semblait dominer tous les autres. La paix, la sérénité, la piété de l'Archevêque étaient toujours les mêmes, à mesure que le mal faisait de plus profonds ravages. Il bénissait les soldats de son escorte, tombés à genoux autour de son lit ; il répondait à ses grands-vicaires et aux membres de son chapitre, de son clergé, de ses séminaires, se pressant tous autour de lui, que *ce n'était pas pour sa guérison qu'il fallait prier, mais pour que sa mort fût sainte.* Il baisait souvent avec piété un crucifix qu'on lui présentait, en lui rappelant que c'était le Souverain Pontife qui le lui avait envoyé comme un gage de sa

7.

tendresse paternelle, et qu'il y avait attaché des in-
dulgences pour l'article de la mort. »

« C'est alors, disent les grands-Vicaires capitulaires (1), que nous le vîmes conserver jusqu'à la
fin cette grandeur d'âme et cette énergie qui l'a-
vaient conduit au danger. Nous entourions son lit de
mort, nous l'arrosions de nos larmes, tandis que de
braves guerriers, blessés comme lui, et qui l'avaient
vu sur la brèche aussi intrépide qu'eux-mêmes, agenouillés maintenant et lui demandant sa bénédiction,
semblaient reconnaître que la bravoure du Prêtre,
qui meurt martyr, n'était pas inférieure au courage
du soldat. »

Bientôt on vit avec une inexprimable douleur qu'il
fallait renoncer à l'espoir de sauver ce modèle des
pasteurs. La paralysie qui l'avait frappé aux jambes
dès le moment de sa blessure envahissait tout le
corps. En vain appela-t-on les plus illustres médecins et les chirurgiens les plus habiles. C'en était
fait : Dieu ne voulait point faire attendre plus longtemps la palme de gloire au serviteur qui lui avait
obéi jusqu'à la mort.

C'est ici qu'il nous faudrait pouvoir retracer les
derniers adieux de l'Évêque à ses ouailles, du père

(1) Mandement de MM. les Vicaires-généraux capitulaires,
le siége vacant, 30 juin 1848. Voir ce Mandement à la fin du
volume.

à ses enfants. C'est ici qu'il nous faudrait reproduire les traits touchants de la bonté du martyr mourant qui recueillait ses forces dans un effort suprême de piété et de douceur. Au milieu des souffrances, il fit appeler par deux fois l'un de ses grands-vicaires et son secrétaire, et il leur recommanda de porter l'expression de ses regrets à diverses personnes qu'il craignait d'avoir contristées durant sa vie, et de leur faire ses excuses des peines qu'il aurait pu leur causer involontairement. Il n'y a que les saints à qui viennent de ces sublimes délicatesses de conscience.

L'Archevêque confia ensuite quelques volontés derrnières (1) à ses amis et à sa famille, et manifesta le désir qu'un souvenir de reconnaissance fût adressé à M. le curé de Saint-Antoine pour les soins affectueux qu'il avait reçus de lui (2). Puis il tomba en agonie. C'était le mardi 27, vers midi.

(1) Par son testament qu'il avait fait au mois de mars, Monseigneur léguait à la Communauté des Carmes sa chapelle pontificale.

(2) Ce legs touchant a été accompli par MM. les vicaires-généraux exécuteurs testamentaires. Ils se sont rendus le 19 juillet chez M. le curé de Saint-Antoine, et lui ont offert un Christ en bronze doré, sur le piédestal duquel en lit cette inscription :

Denis—Auguste Affre,
archevêque de Paris,
blessé mortellement à l'entrée du faubourg Saint-Antoine
le 25 juin 1848;

« Nous sommes allé, dit un des assistants (1), visiter sur son lit de douleur l'admirable pasteur qui
vient de donner sa vie pour son troupeau. Sa figure
portait l'empreinte d'une douleur calme, profonde
et résignée. Il ne parlait plus, mais il donnait des
marques de connaissance. Il venait de bénir M. le
curé de Saint-Sulpice. Son lit était entouré de prêtres
émus jusqu'au fond de l'âme. Des sœurs de charité
lui donnaient leurs soins. Son excellent frère,
M. Affre, représentant du peuple, se tenait immo-
bile et foudroyé. Mais sur toutes ces figures désolées
brillait une pensée chrétienne : c'est que depuis les
premiers siècles de notre histoire rien ne s'était vu
de semblable à cette mort, et que c'est là un vrai
martyre de charité, qui doit servir de dernière expiation à la France et devenir le signal de la réconciliation universelle des citoyens. »

» L'agonie dura quatre heures. Pendant cette lutte
suprême, les prières de la recommandation de l'âme
furent récitées à travers les sanglots d'une nombreuse

transporté au presbytère de Saint-Antoine,
où il reçoit les derniers sacrements;
décédé le 27 juin 1848,
à M. Delamarre, curé de Saint-Antoine,
souvenir de reconnaissance.

(1) Le rédacteur en chef de l'*Union*.

assistance de prêtres, de gardes nationaux, d'hommes de toutes les conditions (1). »

Enfin, à quatre heures et demie du soir, le mardi 27 juin, octave de la Nativité de saint Jean-Baptiste, l'Illustrissime et Révérendissime Père en Dieu, Monseigneur Denis-Auguste Affre, cent vingt-quatrième successeur de l'apôtre des Gaules, et quinzième Archevêque de Paris, remit son âme entre les mains de Dieu (2).

« Quand le saint Archevêque eut rendu le dernier soupir, un des grands-vicaires ayant rappelé aux prêtres présents et tout baignés de larmes quelques-unes des plus touchantes paroles du martyr de la charité, tous étendirent la main sur son corps et jurèrent de consacrer, à son exemple, leur vie et jusqu'à la dernière goutte de leur sang pour la gloire de Dieu et le salut de leurs frères.

» Ce serment, tout le clergé de Paris et de la France le répète et le tiendra (3). »

Il l'a déjà tenu, disons-le à son honneur; et l'on nous permettra de rappeler ici que, durant les quatre jours de la lutte, les curés de Paris, leurs vicaires et les prêtres étrangers ont rivalisé de zèle pour se

(1) *Récit*, p. 13.
(2) L'évêché de Paris date des premiers siècles de l'Église : il fut érigé en archevêché en 1622.
(3) *Récit*, etc., p. 13.

montrer dignes de leur illustre chef. Placés au milieu du combat, les curés de Saint-Merry, de Saint-
Étienne-du-Mont, de Saint-Séverin, de Saint-Jac-
ques-du-Haut-Pas et de Saint-Médard accouraient
près des blessés et offraient leurs églises pour servir
d'ambulance. Au faubourg Saint-Antoine, le clergé
descendit dans les rues avec les respectables prêtres
de la Congrégation de Picpus; tous prêchaient la
paix et en même temps pansaient les blessés et les
transportaient eux-mêmes, sur des civières, dans les
hôpitaux et les ambulances. Les gardes nationaux,
les gardes mobiles, les troupes de ligne saluaient
avec respect les brancards que portaient sur leurs
épaules, quatre par quatre, des prêtres en soutane.
Dans un autre quartier de Paris, une charrette passait pleine de braves couverts de blessures. M. l'abbé
Coquereau la rencontre et s'écrie : « Mes amis, je
suis prêtre : recommandez-vous à Dieu ; je vais vous
donner l'absolution. » Tous s'inclinèrent avec le plus
profond respect et reçurent la bénédiction du ministre de Jésus-Christ. Les prêtres, membres de
l'Assemblée, se montrèrent partout où leur devoir
leur permettait de se rendre : M. l'abbé Sibour notamment eut la consolation d'administrer, en présence de la foule émue et recueillie, les derniers
sacrements à plusieurs blessés du quartier Saint-
Antoine.

Réunissons donc dans un même hommage et dans un même souvenir le maître et ses disciples, le pontife et ses courageux coopérateurs, puisqu'ils puisaient leur dévouement et leur courage à la même source et dans le cœur du même Dieu !

IV.

Funérailles de Monseigneur l'Archevêque de Paris.

C'est l'immortel privilége de l'Église d'entourer ceux de ses enfants qui succombent pour elle d'une gloire incomparable et d'honneurs sans exemple dans les fastes de l'humanité.

Les funérailles de l'Archevêque de Paris présentèrent une de ces scènes historiques dont le catholicisme seul a le secret. Devant cette mort triomphante, tous les héroïsmes s'inclinèrent, toutes les douleurs se turent. Paris, la France, la chrétienté entière se sont confondus dans un unanime concert pour célébrer ce magnifique trépas, et nous nous sommes vu reporter tout d'un coup aux émotions les plus ardentes et les plus pures des époques de foi.

Jamais cercueil ne reçut de pareils hommages de la part des pouvoirs souverains d'une grande nation.

« Monsieur le vicaire-général, » écrivait le Chef du pouvoir exécutif à M. l'abbé Jacquemet, « j'ap-

» prends avec douleur la perte que nous venons de
» faire dans la personne de notre digne Archevêque.
» Depuis trois mois, le clergé s'était associé à toutes
» les joies de la République : il vient de s'associer à
» ses douleurs. L'Archevêque a la double gloire d'être
» mort en bon citoyen et en martyr de la religion.
» Demandez à Dieu que, selon les dernières paroles
» de son digne ministre, *ce sang soit le dernier*
» *versé.* »

» E. CAVAIGNAC. »

Dans sa séance du 28 juin, l'Assemblée nationale adopta d'acclamation et à l'unanimité le décret suivant :

« L'Assemblée nationale regarde comme un devoir de proclamer les sentiments de religieuse reconnaissance et de profonde douleur que tous les cœurs ont éprouvés pour la mort saintement héroïque de M. l'Archevêque de Paris. »

Non contente de faire les frais des funérailles et d'y envoyer une députation de cinquante de ses membres présidée par les membres de son bureau, l'Assemblée a voulu encore qu'un monument de sa reconnaissance fût érigé dans la capitale.

La commission avait proposé de placer sa statue sous les voûtes du Panthéon. Une lettre de MM. les Vicaires-généraux, lettre pleine de dignité et de con-

venance, demanda que le monument fût placé à Notre-Dame de Paris, « près de la chaire pastorale, près
de l'autel où l'Archevêque a prié, où il a offert la
victime sainte avant de s'immoler lui-même, et où il
a puisé la volonté de mourir pour ses frères... Plus
le monument qui lui est destiné sera simple, ajou-
tent les Vicaires capitulaires, plus il nous retracera
la simplicité de sa vie, et, s'il est permis de le dire,
l'héroïque simplicité de sa mort. »

Ce vœu était digne d'être compris par l'Assemblée.
En vain un membre exprima que ce souvenir devait
être placé dans un lieu où les hommes de toutes les
croyances pussent venir le vénérer. M. Coquerel,
pasteur protestant, répondit, aux applaudissements de
toute l'assistance, que quand il voudrait rendre hommage à la mémoire de l'Archevêque de Paris, il trouverait tout naturel de se rendre sous les voûtes de
Notre-Dame, et que tous ses coreligionnaires n'hési-
teraient pas à s'y rendre comme lui. En vain une péti-
tion présentée par M. Buchez et soutenue par M. La-
grange au nom du faubourg Saint-Antoine, sollicitait-
elle l'érection de la statue au lieu « où le martyr a
versé son noble et vertueux sang » ; l'Assemblée dé-
cida (1) :

« Un monument sera élevé au nom et aux frais de

(1) Décret du 17 juillet 1848.

la République, sous les voûtes de l'église métropolitaine de Notre-Dame de Paris, à la mémoire de
l'Archevêque de Paris.

« Sur le socle du monument seront inscrites ces
paroles : « Le bon Pasteur donne sa vie pour ses
brebis, » et les paroles du prélat : « Puisse mon sang
être le dernier versé ! »

A ces témoignages publics joignons quelques autres tributs plus intimes.

Le chapitre de Notre Dame a chargé M. l'abbé
Cœur de prononcer l'oraison funèbre du prélat ; et la
députation de l'Aveyron a ouvert une souscription
pour lui faire élever par M. Gayrard, le célèbre
sculpteur aveyronnais, un monument dans l'église
de Saint-Rome-de-Tarn (1).

La solennité des funérailles avait été fixée au
7 juillet, le lendemain du jour où fut célébré, sur la
place de la Concorde, le service funèbre en l'honneur
des citoyens qui avaient péri pour la cause de l'ordre.

Depuis le jour de sa mort, le corps du saint
Prélat avait été exposé à la vénération publique
dans une chapelle ardente. L'Archevêque reposait sur
un lit à colonnes d'une décoration simple et noble.
Il était revêtu de ses insignes pontificaux : la crosse

---

(1) M. Gayrard a déjà consacré à son illustre compatriote
deux médailles monumentales.

UE LA PAIX SOIT AVEC VOUS

à la porte de l'Archevêché.

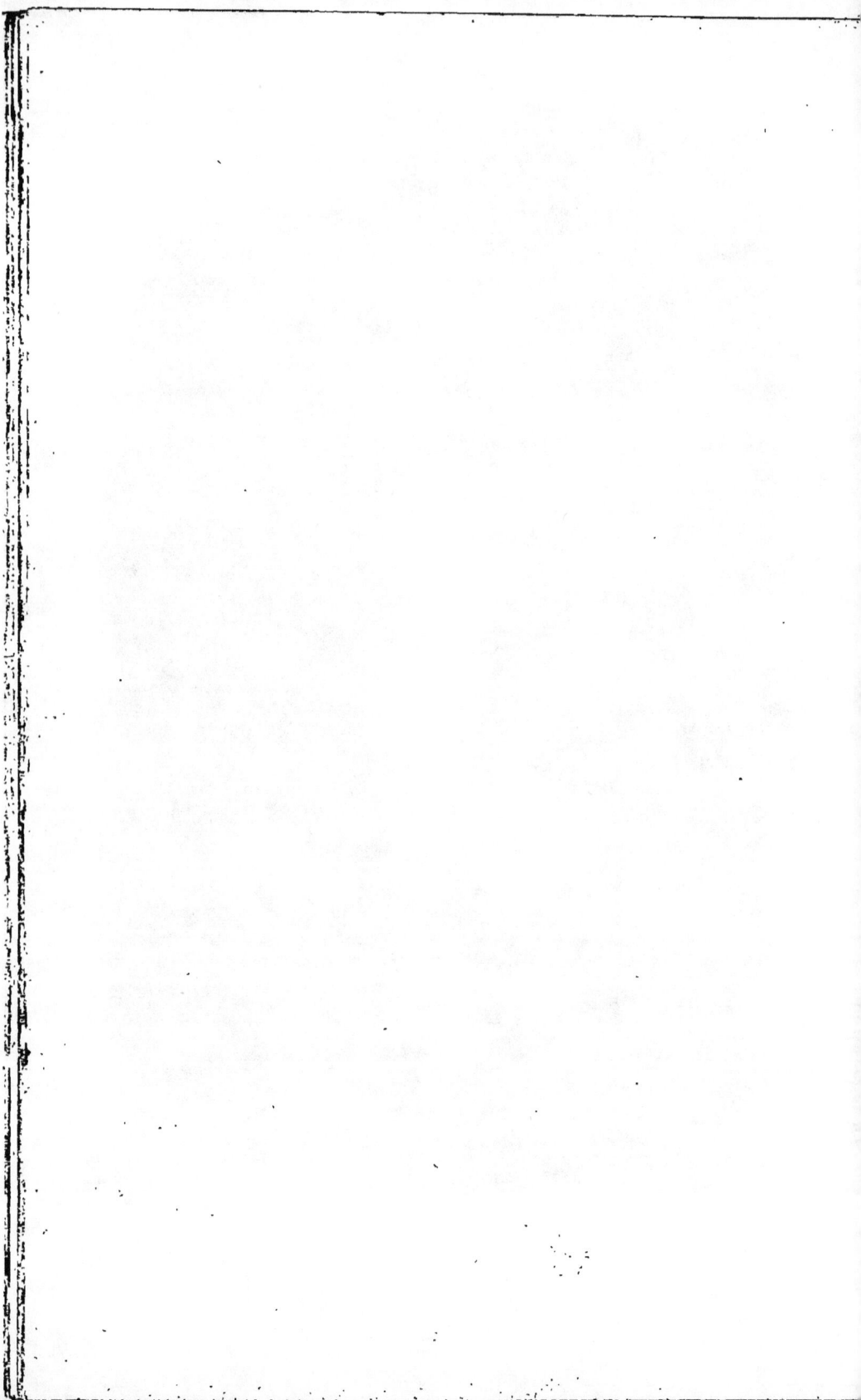

et la croix archiépiscopales étaient attachées aux
quenouilles du lit funèbre. Des torches brûlaient
alentour, et des prêtres psalmodiaient à demi-voix
l'office des morts. La figure découverte du Pontife gardait, dans sa pâleur mortelle, une expression
indéfinissable de calme et de sérénité (1) : c'était la
paix des anges descendue sur un cadavre.

A moins de l'avoir vu à plusieurs reprises, on ne
se fera jamais une idée exacte de l'affluence qui se
pressait incessamment pour vénérer les précieux restes du Pasteur. Toutes les conditions s'étaient donné
rendez-vous à ce pieux pèlerinage, le peuple et l'armée surtout. Il fallait attendre quatre ou cinq heures
dans la rue, sous l'ardeur d'un soleil brûlant, avant
que l'interminable file fût admise dans le salon du
rez-de-chaussée où reposait le prélat. Profondément
émue, cette foule achetait avidement des médailles à
l'effigie de l'Archevêque (2), des bouquets d'immor-
telles, des chapelets pour les faire toucher au corps.
Elle arrivait pressée et recueillie, vénérait du regard
les traits chéris de son pasteur, versait des pleurs et

(1) M. l'abbé de Ségur a reproduit avec un talent remarquable le Pontife sur son lit de mort. C'est une œuvre de piété
et d'art dont tous les chrétiens lui sont reconnaissants. Ce dessin a été lithographié et gravé. Il se vend chez madame Bouasse-
Lebel, rue du Petit-Bourbon-Saint-Sulpice, au profit des blessés.
(2) Il s'en est vendu par centaines de mille.

des sanglots, et semblait ne pouvoir satisfaire assez
sa tendre piété. Les femmes tendaient leurs enfants, approchaient des linges et des bijoux, que
les prêtres ne suffisaient pas à placer un instant sur
les pieds du Pontife : des soldats, des gardes nationaux, des gardes mobiles, prenaient leurs baïonnet-
tes, des officiers tiraient respectueusement leurs sa-
bres et en faisaient passer la poignée sur la main de
l'Archevêque.

Le colonel d'un des régiments de dragons campés
à Paris s'était présenté la veille en grand uniforme
avec quelques officiers de son arme, et, après avoir
prié dans la chambre même où le Prélat venait d'ex-
pirer, il avait dit aux grands-vicaires : « Je viens au
nom de mon régiment, et je puis dire au nom de
toute l'armée, rendre hommage au martyr qui s'est
sacrifié pour nous. »

Huit jours durant, cette longue et touchante pro-
cession se renouvela toujours plus nombreuse, toujours plus attendrie.

Au faubourg Saint-Antoine, M. le curé fut obligé
de distribuer, brin à brin, la laine du matelas où la
victime avait versé son sang, et put à peine en conserver quelques débris pour lui-même. Paris, ce Paris
qui la veille encore semblait si indifférent, s'était
tout à coup retrouvé croyant, fidèle, chrétien
enfin.

Il fallut pourtant arracher ces augustes restes à
l'empressemént et au culte de la population. Il fallut
procéder à la cérémonie des funérailles (1).

Jamais de mémoire d'homme la grande capitale
n'avait été témoin d'une semblable pompe. Non pas
que la magnificence extérieure de vingt cérémonies
n'eût de beaucoup surpassé celle-là ; au contraire
son caractère dominant était une majestueuse simplicité. Mais ce qui ne s'était pas encore vu, c'était
l'émotion, le concours, l'ordre, le respect, la tendre
et pieuse avidité de la multitude. Le peuple était
là avec tout son cœur ; et voilà ce qui ne se com-
mande et ce qui ne se remplace pas !

(1) Le corps avait été embaumé par M. Gannal, le 29 juin.
L'autopsie avait été faite immédiatement par MM. les docteurs Vignolo et Guénean de Mussy, sous les yeux de M. le
docteur Cayol, médecin de Monseigneur l'Archevêque, et en
présence de plusieurs autres médecins, entre autres MM. Ré-
camier, Labrousse, Amussat, Noël, Ferrand de Missol, etc.

La blessure extérieure par où a pénétré la balle était située
en arrière dans la région lombaire, à 5 ou 6 centim. à droite
de la colonne vertébrale. Son trajet était dirigé obliquement de
haut en bas et de droite à gauche.

La balle avait le volume des balles de calibre ; elle offrait
une forte dépression anguleuse, probablement produite par la
rencontre du corps osseux de la vertèbre qu'elle a traversée ; sur
un point de la circonférence, on remarquait une ligne saillante
qui indiquait qu'elle avait été fondue dans un moule ordinaire.
Le point de section du pédicule était très-apparent et n'offrait
pas le poli des balles des cartouches de guerre. (*Univers* du
30 juin 1848.)

Point de soldats, point de police : à peine un pi-
quet de dragons pour ouvrir et pour fermer la marche. Deux files de prêtres suffisaient à contenir la
multitude, qui se prosternait au passage.

A neuf heures du matin, la levée du corps a été
faite par le doyen du chapitre. Le cortége est sorti du
palais archiépiscopal, et il a suivi processionnellement
les rues Saint-Louis en l'Ile, des Deux-Ponts, le pont
Marie, le quai de la Grève, le pont Notre-Dame, le
quai aux Fleurs, les rues de la Barillerie, du Marché-
Neuf et de Notre-Dame. Le trajet a duré plus de
deux heures.

Les Frères des écoles chrétiennes avec leurs jeunes élèves, les membres des communautés parmi
lesquels on remarquait des religieux en costume
de leur ordre, les congrégations de femmes, le clergé
paroissial du diocèse et les prêtres des diocèses
voisins, tous en surplis ou en rochet, précédaient
le corps. Le rameau vert dont le prélat s'était servi
aux barricades comme symbole de paix et de concorde, une longue palme, insigne du martyre,
étaient portés devant lui. Quatre prêtres en étole
venaient ensuite portant quatre grandes bannières
noires où se détachaient en lettres d'argent les sublimes paroles que la bouche du martyr avait pro-
noncées à sa dernière heure : « Le bon pasteur
donne sa vie pour ses brebis. Que mon sang soit

le dernier versé! » Rien de comparable à l'impression produite par cette heureuse idée et par cette muette éloquence, qui ravivait tous les regrets. « *Defunctus adhuc loquebatur.* »

La croix épiscopale et la crosse étaient revêtues d'un voile noir.

Enfin les regards mouillés de larmes apercevaient les saintes reliques. La population fidèle avait brigué l'honneur de les porter elle-même; le char funèbre avait été renvoyé. Les gardes nationaux et l'armée se partageaient le précieux fardeau. L'Archevêque reposait sur un lit de velours violet; il avait les vêtements blancs avec lequel le Pontife officie le jour des fêtes joyeuses de l'Église : il avait revêtu la robe blanche de l'agneau. Le visage et les mains étaient à découvert; la tête coiffée de la mitre blanche et les pieds reposaient sur des fleurs.

Quatre évêques, en mitre blanche aussi, tenaient les cordons du cercueil; quatre autres marchaient derrière et un cinquième présidait à la cérémonie.

A la suite du corps, on voyait la grande députation de l'Assemblée nationale, précédée du Président (1) et des secrétaires et accompagnée d'un grand nombre de représentants (2), le Maire de Pa-

(1) M. Marie.
(2) Parmi les représentants on remarquait MM. de Monta-

ris (1), diverses autorités militaires, les amis et la famille, des députations des écoles, de l'armée, des corps d'ouvriers, de la garde républicaine, des blessés de février. Le Chef du Pouvoir exécutif (2) et le Ministre de l'instruction publique (3) assistèrent à l'office. La marche était fermée par un détachement de dragons.

Le clergé chantait l'office des morts; un chœur de prêtres placé près du cercueil répondait, et ces chants de la mort chrétienne étaient accompagnés et dominés par les sourds tintements du bourdon de Notre-Dame.

Sur tous les points une foule immense, pensive et religieusement désolée; le peuple surtout était frappant par son attitude : ces hommes, ces femmes se signaient, s'agenouillaient, et leurs yeux étaient pleins de larmes.

Au seuil du temple, il a fallu s'arrêter : chacun voulait encore faire toucher au corps ce qu'il avait de plus précieux. Ce n'était pas un convoi funèbre, c'était une translation de reliques.

Les regards se portaient avec empressement sur

lembert, Berryer, Dupin, de Lamennais, de La Rochejaquelein, etc.; puis les ambassadeurs d'Autriche et d'Angleterre.

(1) M. A. Marrast.
(2) Le général Cavaignac.
(3) M. de Vaulabelle.

le courageux citoyen qui avait porté la branche verdoyante devant le Prélat au faubourg Saint-Antoine. On lui avait confié la mission de soutenir le coussin sur lequel était placée la croix de la Légion-d'Honneur. Derrière le cercueil de l'Archevêque venait le fidèle serviteur blessé à ses côtés. Nous avons été heureux de voir celui-ci monter à l'autel, au moment de l'offrande. Quelle manière plus touchante, plus convenable de reconnaître le dévouement du serviteur et l'esprit évangélique du maître!

Enfin le cortége entra dans la basilique.

Toute la vaste nef de Notre-Dame avait été abandonnée aux fidèles, sauf un vide réservé au milieu par une haie de gardes nationaux, afin de laisser la place nécessaire au convoi. « Point de privilége dans la maison de Dieu; grâces en soient rendues au clergé de la métropole! C'est là une sainte et chrétienne pensée! Place à la blouse comme à l'habit, comme à l'uniforme : tous avaient le droit d'y être, et tous y ont trouvé place. »

L'Église n'avait qu'une simple bande noire, où se lisaient des inscriptions rappelant les paroles du martyr et cette devise qu'il avait si bien accomplie : « Le bon Pasteur donne sa vie pour ses brebis. »

Monseigneur l'Évêque de Meaux, suffragant de Paris, célébra la messe. L'orgue s'est tu pendant toute la cérémonie et rien n'interrompait le lugubre

8.

chant du chœur. « Il est impossible de se faire une
idée de l'effet que produisit le *Dies iræ* lorsqu'il
retentit à travers l'immense basilique, tantôt gémis-
sant seul par la voix d'Alexis Dupont, tantôt strident
ou majestueux par celle du chœur, tantôt faible et
plaintif quand s'élevait dans un lointain infini la
voix d'un enfant de chœur. Mais, nous avions beau
faire, il nous semblait toujours entendre plutôt les
accents du pasteur priant encore pour son troupeau,
que celle d'une âme en peine appelant la miséricorde
céleste sur ses propres imperfections.

« Bientôt vint l'élévation, et alors vous eussiez vu
toutes les troupes, qui remplissaient une partie de
l'enceinte sacrée, poser un genou sur le pavé du
temple en signe d'adoration. Il ne resta plus, entre
le ciel et la terre que deux victimes; l'une, divin
exemplaire de la seconde, et celle-ci, humble mais
fidèle imitatrice de Celui qui mourut le premier
pour son peuple. En cet instant suprême, il s'échappa
sans doute un acte d'amour et de réconciliation de
toutes les âmes : comment garder encore un levain
de haine en présence de si grands sacrifices (1)! »

Après la messe, S. Ex. Monseigneur Fornari, Archevêque de Nicée et Nonce apostolique, a fait la
première absoute. NN. SS. les Évêques d'Orléans,

---

(1) *Ère nouvelle*, n° du 8 juillet.

de Blois, de Versailles, de Beauvais, de Langres, de Quimper, de Nevers et d'Amatha et l'Archevêque de Chalcédoine étaient présents.

Le deuil, l'Assemblée et les députations ont ensuite jeté de l'eau bénite, et la cérémonie s'est terminée à près de trois heures.

Ce jour-là tout Paris était catholique.

Le corps demeura exposé dans la métropole jusqu'à sept heures du soir. Ces dernières heures furent encore plus émouvantes, s'il est possible, que la cérémonie du matin. La vaste église ne suffisait pas à contenir les fidèles; les chanoines et les prêtres avaient peine à répondre à l'empressement de la multitude; le sanctuaire même fut envahi. Des gardes mobiles avaient pris place dans les stalles à côté des membres du chapitre; des hommes et des femmes remplissaient le chœur, et, malgré tout le désir des maîtres de cérémonie, il était impossible de les faire retirer. Les vicaires-généraux se prêtèrent à cette touchante violence. Le bon Pasteur ne devait-il pas laisser approcher ses brebis? Et quel plus doux spectacle au regard de Dieu que ce pieux désordre et cette naïve, cette populaire familiarité?

C'était par faisceaux qu'on apportait les armes, les livres, les chapelets, les médailles, pour les faire bénir et toucher au corps. On ne voulait pas laisser refermer le cercueil; et, au moment où il fut

scellé, les gardes mobiles et les gardes nationaux l'en-
levèrent et le portèrent autour du chœur, l'offrant
une dernière fois à la vénération de l'assistance. Ils
voulaient même le descendre de leurs propres mains
dans le caveau, et il fallut interposer l'autorité et invoquer la crainte des accidents pour les déterminer
à se séparer de leur Père et de leur Pontife.

Enfin, à sept heures et demie du soir, Monseigneur Affre fut déposé dans le caveau sépulcral et
prit place, jusqu'à la bienheureuse résurrection, à
côté de ses vénérables prédécesseurs les Archevêques
morts depuis la Révolution, NN. SS. de Belloy, de
Juigné, de Périgord et de Quélen.

Sur la demande de MM. les vicaires capitulaires,
et d'après les instances des membres de la communauté des Carmes, le cœur du Pontife avait été en-
levé pour être déposé dans l'église de la rue de Vaugirard (1), près de cette communauté qu'il avait fondée,
près des reliques des martyrs de 93 qu'il entourait
d'honneurs tout particuliers. C'est une noble pensée
que d'avoir confié la garde des restes des martyrs de
la foi au cœur du martyr de la charité !

------

(1) Cette cérémonie aura lieu le lundi 7 août. M. l'abbé
Cœur prononcera ce jour même l'oraison funèbre. Pendant tout
le service, le cœur du Prélat demeurera exposé à Notre-Dame,
et il sera transporté, le soir, à la maison des Carmes. (Lettre
des Vicaires-généraux capitulaires en date du 28 juillet.)

V.

Honneurs rendus à la mémoire de Monseigneur l'Archevêque en
France, en Angleterre, en Italie et à Rome.

Mais ce n'était pas seulement à Paris que la sainte
mémoire de l'Archevêque devait être ainsi vénérée.
Sa mort est une gloire pour l'église de France et
pour la catholicité tout entière.

Nos Évêques, ses vénérables frères, émules de ses
vertus, qui tous envient son sort et seraient prêts à
renouveler son sacrifice, publièrent hautement ses
louanges.

Nous voudrions pouvoir rapporter les divers témoignages de ces pasteurs des peuples. Nous voudrions pouvoir répéter les nobles paroles de S. Ém.
le Cardinal évêque d'Arras (1), de NN. SS. de Mon-
tauban, de Belley, de Blois, de Bordeaux, de Nî-
mes (2), de Gap, du Mans, de Nancy, d'Angoulême,
de Beauvais, de Montpellier (3), de Nevers (4), de
Nantes, de Périgueux (5), de Versailles, de Strasbourg, de tous enfin, qui, comme S. Ém. le Cardinal
de Bonald, admirent cette « mort héroïque, qui est

(1) Voir l'*Univers* du 1er juillet.
(2) Id. du 9 juillet.
(3) Id. du 16 juillet 1846.
(4) Id. du 9 juillet.
(5) Id. du 4 juillet.

une consolation pour ceux qui ont la foi et un grand enseignement pour ceux qui ne l'ont pas. » « Puisse, ajoute l'illustre Cardinal, la voix de son sang généreux être écoutée en faveur de notre patrie, lui obtenir des jours plus sereins et la fin de toutes ses dissensions (1)! »

« Dans cette douleur générale qui déchire le cœur de la France, dit Monseigneur l'Évêque de Troyes, vous vous associerez, N. T. C. F., à notre douleur particulière, et vous nous permettrez de vous rappeler avec une émotion que nous ne saurions comprimer, que le pontife mort sur les barricades, une croix à la main, fut notre prélat consécrateur et versa sur notre front l'huile sainte, qui nous fit votre pasteur! »

Cet élan unanime fut suivi à l'étranger. Toutes les chapelles catholiques de Londres célébrèrent des services en l'honneur du prélat qui avait tant prié pour la conversion de l'Angleterre, et qui venait encore de contribuer de ses deniers à la construction de la cathédrale de Saint-George.

---

(1) Ce vœu se réalise déjà. « De nombreuses conversions, un respect plus grand et plus universel pour la religion et pour ses ministres, plus d'ardeur et de générosité à entreprendre les œuvres de miséricorde que ces temps nécessitent : telles sont jusqu'à ce jour les conséquences de ce grand sacrifice. » (Lettre de MM. les Vicaires-généraux capitulaires en date du 28 juillet 1848.)

Ce fut un moment solennel que celui où, au milieu de l'admirable discours que Monseigneur Wiseman prononça pour l'inauguration de ce beau temple,
l'orateur s'arrêta, et, les yeux baignés de larmes, lut la
lettre par laquelle Monseigneur l'Archevêque de Paris s'excusait de ne pouvoir se rendre à la cérémonie.
Cette lettre était écrite l'avant-veille de l'insurrection de juin. C'est du haut du ciel que l'Archevêque
de Paris devait assister à la renaissance catholique
de la Grande-Bretagne (1).

(1) Voici le texte de la lettre adressée à Monseigneur Wiseman :

« Monseigneur,

« Je ne saurais vous exprimer combien j'ai été touché de
» votre cordiale invitation et des motifs qui vous ont déterminé
» à me l'adresser. J'ai réfléchi, pendant plusieurs jours, sur
» la possibilité de me joindre à vous dans votre belle solennité.
» Mon désir m'avait fait espérer que je pourrais vaincre les
» difficultés qui s'opposaient à l'exécution de mon projet ; mais
» après avoir longtemps réfléchi et pris l'avis de personnes
» sages, j'ai cru préférable de ne pas abandonner mon diocèse
» en ce moment.

» Vous pouvez tous comprendre les devoirs que les circon-
» stances actuelles exigent de moi et combien je regrette de ne
» pouvoir joindre mes prières à celles de tant de vénérables
» frères et répondre à votre aimable invitation.

» Recevez, en conséquence, l'expression de mes sincères
» regrets, et l'assurance de mes sentiments d'estime pour
» vous. »

« L'évêque, en lisant cette lettre, dit le *Morning-Post*, san-
glotait, et plusieurs personnes pleuraient. »

A Naples, une cérémonie funèbre eut lieu à l'é-
glise de Saint-Jacques. Le corps diplomatique y as-
sistait ainsi que tous les Français présents à Naples
et un grand nombre d'officiers de l'escadre française.
S. Ex. le nonce du Saint-Siége, Monseigneur Garibaldi, a fait l'absoute. C'était à la fois un hommage
chrétien et un souvenir d'affection. Pendant son in-
ternonciature à Paris, le représentant du Saint-Siége
avait été lié particulièrement avec Monseigneur Affre.

« Que de malheurs n'ai-je pas à déplorer ! écrit
M. le comte de Chambord (1); ces luttes affreuses
qui viennent d'ensanglanter la capitale, la mort de
tant d'hommes honorables et distingués dans la
garde nationale et dans l'armée, le martyre de l'Archevêque de Paris, la misère du pauvre peuple, la
ruine de nos industries, les alarmes de la France
entière! Je prie Dieu d'en abréger le cours. »

Rome enfin, Rome, le centre de l'unité, Rome la
tête et le cœur de l'Église, surpasse ces honneurs.
« Je ne saurais vous dire, écrit-on de la ville
éternelle (2), l'effet que la mort de l'Archevêque de
Paris a produit ici. Le nom de Monseigneur Affre
est sur toutes les lèvres, et sa mémoire dans tous les
cœurs. La Chambre des députés a ordonné qu'un
service fût célébré pour lui, et c'est le prince de nos

(1) Lettre publiée par l'*Union* du 28 juillet.
(2) L'*Univers* du 22 juillet.

orateurs, le panégyriste d'O'connell, le P. Ventura qui prononcera l'oraison funèbre. « Enfin le Pape lui-même voulut assister à la « *fonction* » funéraire que Sa Sainteté avait fait célébrer à Sainte-Marie-Majeure. Toute la cour romaine et S. Ex. le duc d'Harcourt, ambassadeur de la République française, étaient présents. » Sa Sainteté, dit le journal officiel (*Giornale Romano*, 13 juillet), a donné par là une preuve manifeste du haut prix qu'elle attache au généreux sacrifice que ce zélé pasteur a fait de sa propre vie pour le troupeau qui lui était confié. Les ecclésiastiques de la nation française, qui rivalisent tous dans l'imitation des actions généreuses du prélat immolé, sont encore plongés dans le deuil d'une si grande perte ; mais ce leur sera une consolation et un secours de voir que le Chef de l'Église s'est empressé de rendre un dernier devoir à celui qui a bien mérité de l'Église elle-même, surtout en des temps aussi difficiles. »

Pie IX, le grand, le pieux Pie IX priant pour l'Archevêque de Paris, mort martyr de sa charité : c'est le plus beau spectacle qui pût être donné au monde !

Terminons ce tableau par quelques traits empruntés à un autre ordre d'idées, et voyons l'hérésie, l'indifférence, pour ne pas dire l'hostilité, apporter aussi leur tribut inespéré.

Les pasteurs protestants des Églises réformées de
Paris avaient demandé à prendre place dans le cortége (1); et un archidiacre anglican avait manifesté
le désir de rendre hommage au Pontife sur son lit
de parade.

Les journaux, ceux-là même que l'Archevêque
avait souvent rencontrés parmi ses plus ardents adversaires, ne trouvent sur son cercueil que le plus
sincère langage d'admiration et de gratitude.

« Quand M. Affre, dit le *National*, prit la noble

(1) On lit dans le *Moniteur* du 8 juillet :

« Les pasteurs des deux églises protestantes de la capitale
ont exprimé le désir d'assister aux funérailles de l'Archevêque de Paris, et de rendre ainsi un juste hommage à sa mort
et à sa mémoire. Ils ont chargé leur collègue, M. Athanase Coquerel, représentant du peuple, de se rendre auprès de M. Jaquemet, premier grand-vicaire capitulaire, pour lui exprimer
les sentiments unanimes des pasteurs protestants, et l'informer
de leur intention de suivre le cortége funèbre depuis l'Archevêché jusqu'au parvis de la cathédrale, s'il pouvait leur assigner
une place qui conciliât les scrupules de leur foi et les règles du
culte catholique. L'abbé Jaquemet a parfaitement accueilli M. Coquerel, et a exprimé son regret de ce que la cérémonie religieuse catholique étant continue, et pour le moment de la levée
du corps et pendant tout le parcours, il devenait impossible
d'assigner une place au clergé des communions protestantes.
Du reste, M. le grand-vicaire a chargé le pasteur, dans les
meilleurs termes, d'exprimer à ses collègues combien il était
touché et reconnaissant de la démarche qui venait d'être faite
et de l'hommage offert à la mémoire du prélat mort victime de
son dévouement. »

résolution de tenter un dernier effort pour arrêter
l'effusion du sang, il savait parfaitement à quoi il
s'exposait. C'est de propos délibéré qu'il a donné sa
vie. Il a proposé et exécuté sa démarche avec une
extrême simplicité : il a accompli son sacrifice avec
un courage calme et sans emphase. On l'admire, on
le pleure ; mais on ne le plaint pas, car sa mort es
la plus belle dont puisse mourir un évêque. »

« En présence de ce sacrifice sublime, dit le *Jour
nal des Débats*, les cœurs chrétiens seront parta-
gés entre le sentiment d'un saint orgueil et celui
d'une inconsolable tristesse. L'histoire de l'Église
n'offre pas une plus admirable page. Emporté sanglant à travers les barricades, la seule pensée, la
seule parole du martyr était : « Que mon sang soit le
dernier versé ! » Envolée d'avance vers son créateur,
l'âme immortelle du juste a sans doute demandé le
prix de son oblation et de son holocauste, et ses
prières ont arrêté l'œuvre du sang et de l'expiation.
Après avoir, au milieu de tant d'autres, frappé cette
innocente et sainte victime, on dirait que la mort
s'est enfin lassée.

» Nous ne saurions dire le deuil universel que cet
affreux événement a répandu dans Paris ; et, dans
cette grande cité ensanglantée, ceux même qui ont
à pleurer quelqu'un des leurs réservent encore une

part de larmes au saint martyr qui est mort pour nous. »

« Triste monde où nous vivons! ajoute la *Démocratie Pacifique*. Il semble que nous soyons un peuple sauvage, chez lequel il soit nécessaire encore que des missionnaires aillent subir le martyre pour racheter les âmes.

» Monseigneur l'Archevêque de Paris meurt glorieusement au service de l'humanité.

» Cette mort est un grand témoignage ; cette mort consacre une mémoire et servira au ralliement fraternel des cœurs. Il faudra bien que sur cette tombe puissent se rencontrer et ceux que le digne prélat venait sauver, et ceux au nom desquels il portait des paroles de paix et de fraternel pardon. »

« La mort de M. Affre, dit le *Bien Public*, sera l'une des plus belles pages de la triste histoire de nos dernières journées. C'est la mort d'un héros chrétien! Missionnaire de l'Évangile, cette charte immortelle des droits de l'homme, le courageux Archevêque est tombé au pied d'une barricade en luttant, sans autre arme qu'une croix à la main, pour la sainte cause de la fraternité. Que son sang féconde le grand principe pour le triomphe duquel il a donné sa vie avec une si admirable abnégation! Que cet exemple de charité héroïque apprenne au monde que la France n'est pas seulement la première des nations par son courage, et que, si elle a des soldats intrépides pour la défendre, elle a aussi des apôtres généreux pour perpétuer en elle la tradition des vertus sublimes et du dévouement à l'humanité »

« Aujourd'hui l'Archevêque de Paris a succombé à sa blessure, dit le *Représentant du Peuple*. On annonce que tous les ouvriers du faubourg Saint-Antoine se proposent d'assister à ses funérailles. »

C'est ainsi que, de toutes les extrémités de la France et de toutes les régions de la catholicité, de toute terre où bat un cœur chrétien et où vibre une pensée généreuse, s'élève un vaste concert de reconnaissance, de louanges et d'amour qui suit jusqu'au ciel le cortége angélique du martyr de la charité !

Pour nous, écho affaibli de tant de grandeurs, parvenu à la fin de cette tâche pleine de larmes et de consolations, regrettant d'avoir si peu répondu au vœu de notre âme et à l'attente de nos frères, il ne nous reste que la force de répéter dans un élan de joie et de gratitude :

« Dieu est admirable dans ses saints. Gloire à lui au plus haut des cieux ! »

FIN.

APPENDICE.

Nous ne saurions mieux faire que de reproduire ici le Mandement dans lequel MM. les Vicaires-Généraux Capitulaires célèbrent les louanges de notre illustre Pontife : ce sera la meilleure conclusion de cet écrit.

MANDEMENT

de MM. les Vicaires-Généraux Capitulaires administrant le diocèse de Paris, le siége vacant, qui ordonne de faire des Prières et Services pour le repos de l'Ame de Monseigneur DENIS-AUGUSTE AFFRE *, Archevêque de Paris.*

LES VICAIRES-GÉNÉRAUX , administrant le Diocèse de Paris ; le Siége vacant ;

Au Clergé et aux Fidèles du Diocèse , Salut.

NOS TRÈS-CHERS FRÈRES,

L'âme du grand Pontife qui n'a pas craint de donner sa vie pour son peuple a été rappelée dans le sein de Dieu : Monseigneur DENIS-AUGUSTE AFFRE a cessé de vivre.

En présence de cette mort héroïque et sublime dont la nouvelle a fait tressaillir d'un inexprimable

9

sentiment, la cité, la patrie, l'Église ; quand vos
cœurs sont encore tout pleins d'une douleur sainte et
filiale ; quand vos yeux sont mouillés de larmes ;
quand, fixés par le souvenir sur ce beau trépas,
vous vous dites tous, habitants de cette grande cité :
C'est ainsi qu'il nous a aimés ! quel autre éloge ose-
rons-nous vous présenter, N. T. C. F. , sinon cés
larmes que vous versez, et ces paroles que vous vous
dites à vous-mêmes ?

Hélas ! aussitôt que cette rumeur s'est répandue
dans la cité : *L'Archevêque de Paris est blessé
et il est mort ;* telle a été l'impression profonde de
cette perte, qu'on s'arrêtait pour s'en entretenir dans
les rues et dans les carrefours; qu'au milieu des angoisses publiques, chacun sentait dans son âme
comme une grande amertume de plus; et qu'ayant
déjà peut-être à gémir sur la mort d'un père, d'un
frère, d'un ami, d'un époux, on retrouvait encore
des pleurs pour l'Archevêque de Paris.

Mais en même temps les Chrétiens fidèles avaient
compris cette glorieuse fin. Tout en larmes, ils se
félicitaient et ils se disaient : Dieu est bon; il est
toujours avec son Église, il lui donne un martyr de
plus.

Nous craindrions, N. T. C. F., de vous rappeler
les jours lugubres qui amenèrent cette sanglante
catastrophe, si, du haut des régions sereines où le

Chrétien habite, il ne lui était pas souvent utile de descendre pour contempler de près ce triste monde où s'accomplit son pèlerinage.

La guerre civile avait éclaté dans nos murs. Le canon grondait partout : les bons citoyens avaient pris les armes pour voler au secours de la patrie en danger. Nos rues ressemblaient à un camp.

C'est alors, N. T. C. F., alors que la lutte semblait devoir se prolonger encore, qu'on vit l'Archevêque de Paris sortir à pied de son hôtel, suivi de deux Prêtres.

A voir ainsi le premier Pasteur au milieu du troupeau en deuil, on put comprendre qu'il allait courir après la brebis égarée. Je ne sais quel sentiment de confiance chrétienne agitait tous les cœurs. On commençait à espérer en voyant le Ministre de la paix descendre dans l'arène du combat. On l'accueillit avec enthousiasme.

Pour lui, calme et serein en ce moment solennel, comme nous l'avons toujours connu, il calculait froidement et saintement toutes les suites de sa périlleuse démarche, et il allait disant ces paroles : Le bon Pasteur donne sa vie pour ses brebis.

Vous ne le savez que trop, N. T. C. F., au moment où, de la voix et du geste, l'Archevêque de Paris cherchait à apaiser ces passions fougueuses et armées qui frémissaient autour de lui, il tombe frappé d'une balle, et il est emporté tout sanglant.

Dieu ne permit cependant pas que cette blessure mortelle brisât soudainement sa vie.

Il voulut réserver à son serviteur les douleurs d'une agonie cruelle pour que le sacrifice fût plus complet. Il voulut nous conserver à nous-mêmes les dernières paroles et les derniers instants de notre Pasteur pour que le sacrifice fût plus utile.

C'est alors que nous le vîmes conserver jusqu'à la fin cette grandeur d'âme et cette énergie qui l'avaient conduit au danger. Nous entourions son lit de mort, nous l'arrosions de nos larmes, tandis que de braves guerriers blessés comme lui et qui l'avaient vu sur la brèche aussi intrépide qu'eux-mêmes, agenouillés maintenant et lui demandant sa bénédiction, semblaient reconnaître que la bravoure du Prêtre qui meurt martyr n'était pas inférieure au courage du soldat.

C'est alors que nous l'entendîmes proférer de si touchantes paroles de réconciliation et de paix ; offrir cent fois sa vie pour le salut de son peuple ; demander que son sang fût le dernier versé....

Cette mort a été si grande, qu'elle a presque effacé une grande et noble vie. Et cependant, N. T. C. F., nous n'hésiterions pas à vous la présenter, si, dans peu de jours, du haut de la Chaire chrétienne, l'éloge funèbre de votre premier Pasteur ne devait vous être adressé. Peu de mots devront suffire aujourd'hui à nos regrets comme aux vôtres.

L'Archevêque de Paris reçut de la nature trois dons précieux qui font immanquablement les hommes supérieurs : une haute intelligence, un caractère énergique, un grand amour de la vérité. A ces dons précieux de la nature, qui ne sont rien sans ceux de la grâce, Dieu joignit une foi inébranlable, une sévérité de mœurs qui ressemblait à la candeur de l'enfance; une charité ardente, qui fait qu'on meurt pour ceux qu'on aime. Ces qualités et ces vertus, l'Archevêque de Paris les mit au service de l'Église, qu'il aima jusqu'à la passion. Tel fut l'homme; tel fut le Pontife.

C'est ici, N. T. C. F., que nous nous imposerons d'étroites limites. Nous laisserons de côté cette portion utile de son existence qu'il a passée loin de vous. Nous ne dirons rien de cette vie intime pleine de simplicité et de bonté, que le monde n'a pas été à même d'apprécier; nous ne parlerons pas de cette loyauté de sentiments qu'il ne dissimula jamais; de cette rare franchise contre laquelle se heurta ou s'usa souvent la politique humaine; de cet insigne honneur qu'il eut de ne satisfaire jamais pleinement les partis, tant il resta dans la vérité.

Mais votre Archevêque vous a été surtout connu par ses écrits et par ses œuvres.

Qui de vous n'a eu entre les mains les écrits nombreux où l'illustre Prélat répandait avec profusion les trésors de sa science et de son éloquence grave et mâle?

Zélés Pasteurs de nos paroisses, vous avez lu ces pages, où il donnait de si utiles conseils à votre administration de chaque jour (1). Jeunes chrétiens, vous avez lu ce beau livre qu'il écrivit pour vous, et où, sapant par leurs fondements les doctrines dangereuses du jour, il vous montrait la philosophie chrétienne à son point de vue le plus pratique, celui de l'indissoluble union de la morale et du dogme (2).

Amis et défenseurs des libertés de l'Église, c'est sous sa plume ferme et hardie que vous retrouviez les arguments les plus vrais, les plus hardis, les plus inattaquables pour le soutien de votre cause. Vous tous enfin, Fidèles de ce Diocèse, vous avez entendu ces *Lettres pastorales,* qui en chaque circonstance solennelle vous traçaient avec tant de justesse la route à suivre et le péril à éviter. Surtout vous vous souvenez de ces paroles qui furent les dernières et qui retentirent du haut de sa chaire

(1) *Traité de l'Administration temporelle des Paroisses.*
(2) *Introduction à l'Étude de la Philosophie chrétienne.*

épiscopale, alors qu'un trône était brisé ; alors qu'il vous rappelait à tous vos devoirs sacrés envers la patrie, cette patrie que sa voix bénissait , et qu'il devait bientôt sanctifier et illustrer avec son sang.

Mais les écrits de votre saint Pasteur ne sont pas le seul souvenir qu'il nous ait laissé. Aux écrits, il faut joindre les institutions et les œuvres. A sa voix, les Conférences ecclésiastiques furent instituées dans chaque paroisse. Par ses soins, de nombreuses populations agglomérées autour de Paris eurent un Pasteur et une Église. Sous l'impulsion de son zèle, différentes œuvres de charité se formèrent et s'accrurent. Enfin de vastes établissements s'ouvrirent pour les différents besoins du Diocèse. Un magnifique local reçut les élèves du petit Séminaire. Toutefois l'œuvre qu'il aimait davantage , celle dont il vous a le plus souvent parlé, a eu pour objet la Maison des Carmes.

Grâce à votre inépuisable charité d'abord , grâce ensuite à sa sagacité et à ses soins, le Diocèse acquit cette maison précieuse où tant de Martyrs étaient morts, où tant d'âmes saintes avaient prié ! Là, des prêtres pieux et pleins de zèle, réunis en communauté, devinrent, pour les Pasteurs des paroisses , d'utiles auxiliaires de la parole et de l'administration des Sacrements. Là , un certain nombre de jeunes Clercs se forma à l'étude des hautes sciences humai-

APPENDICE.

nes et ecclésiastiques ; se préparant ainsi d'avance à l'important apostolat de l'éducation chrétienne de la jeunesse. Là aussi, l'illustre Prélat aimait souvent à venir se reposer des charges du fardeau pastoral ; combien de fois nous l'avons vu se promener en méditant et en priant devant la célèbre Chapelle où, un demi-siècle auparavant, tant de saints Prêtres étaient morts martyrs de la foi chrétienne, lui qui devait bientôt être le martyr de la charité !

Vous le voyez, N. T. C. F., tout nous rappelle ce martyre et cette mort ; c'est qu'en effet c'est là l'immortelle gloire de votre Pontife ; sa gloire aux yeux de la France, qui, dans son Assemblée souveraine, a décerné de publics éloges *à son dévouement saintement héroïque ;* sa gloire aux yeux de l'Église, qui inscrira ce dévouement parmi les plus belles pages de son histoire ; sa gloire surtout aux yeux de Jésus-Christ, dont il a si religieusement imité le sacrifice.

Mais en même temps que sa gloire, c'est une grande et importante leçon pour nous tous.

Prenez garde, N. T. C. F., et quand vous entendez la voix de ce sang qui crie vers vous, n'allez pas endurcir vos oreilles et vos cœurs. Au milieu de ce siècle d'égoïsme où nous sommes, voir de ses yeux le martyre souffert pour la charité, c'est une grâce ; mais une grâce dont il vous sera demandé compte.

Vos pères ont vu couler le sang d'un premier
Denis, et ils furent engendrés à la Foi. Après bien
des siècles écoulés, voici le sang d'un autre Denis :
serez-vous moins fidèles que vos pères ?

Votre Pontife est mort pour cette charité frater-
nelle que vous avez inscrite en tête de vos lois, mais
qui ne sera réelle et solide qu'autant que vous l'ap-
puierez sur une foi pratique. Ecoutez cette sainte
leçon de fraternité qu'il vous donne. Croyez comme
il a cru, afin d'aimer comme il a aimé.

Il en sera ainsi, nous l'espérons, N. T. C. F. Oui,
le désir de votre premier Pasteur mourant sera accompli, et son sang sera le dernier versé.

Le dernier versé : car, ainsi que le sang de tous
les martyrs, il deviendra, dans cette grande ville,
la semence de nombreux chrétiens ; le dernier versé :
car, pour préparer de meilleurs jours aux générations
à venir, vous vous étudierez davantage à former
l'esprit de vos enfants à la vérité, et leur cœur à la
vertu ; le dernier versé : parce qu'au pied de cette
tombe, encore entr'ouverte, abjurant vos divisions
et vos discordes, vous vous unirez tous en un même
et saint amour, celui de Dieu et de la patrie.

Il vous semble, N. T. C. F., qu'en présence des
restes du grand Pontife qui vous apparaît déjà dans
les Cieux, avec l'auréole et la palme, nous ne de-
vrions pas venir vous demander ces prières, qui, en

abrégeant pour les âmes la durée de l'expiation, accélèrent leur entrée au Ciel. Mais les jugements de Dieu sont impénétrables; mais la charge qui lui fut confiée fut immense; mais durant ses derniers instants nous l'entendions gémir sur le redoutable compte qu'il avait à rendre. Vous voudrez donc vous unir à nous, et vous offrirez avec nous vos sacrifices et vos supplications pour l'âme de Monseigneur DE-NIS-AUGUSTE AFFRE, Archevêque de Paris.

Puis nous nous rappellerons qu'un autre devoir nous reste à remplir. Nous prierons Dieu de donner à cette Église un Pontife suivant son cœur. Ayons confiance que nous serons exaucés. Nul aujourd'hui ne conteste que la mission de votre dernier Archevêque ne fût providentielle. La Providence distinguera encore l'homme qui doit répondre à ses desseins. Elle le choisira ferme et bon, zélé et sage; surtout elle le choisira irréprochable comme celui que vous venez de perdre, et, si le salut du peuple l'exige une seconde fois, sachant mourir comme il est mort.

A CES CAUSES, après en avoir conféré avec nos vénérables Confrères les Chanoines et Chapitre de l'Eglise métropolitaine, nous avons ordonné et ordonnons ce qui suit :

1º Dans toutes les Eglises du Diocèse, il sera célébré une Messe solennelle, précédée la veille des Vêpres et des Vigiles, pour le repos de l'âme du vénérable Prélat que nous venons de perdre.

2º Pendant les trois jours qui suivront la publication du présent Mandement, les Prêtres célébrant dans le Diocèse réciteront à la Messe la Collecte *Deus qui inter apostolicos sacerdotes*, avec la Secrète et la Postcommunion.

3º Le samedi 8 juillet, ou un des jours suivants, s'il y a empêchement pour ce jour, une Messe solennelle *Pro eligendo Prælato*, sera célébrée dans toutes les Églises paroissiales du Diocèse. On ajoutera aux Oraisons de la Messe les Collecte, Secrète et Postcommunion de la Messe *de Beatâ*. Le même jour, à toutes les Messes basses, on ajoutera la Collecte *Immensa pietas tua*, avec la Secrète et la Postcommunion.

Les Fidèles seront invités à assister à cette Messe, et nous leur recommandons, ainsi qu'aux Communautés ecclésiastiques et religieuses, d'adresser à Dieu de ferventes prières pour le même objet.

4º Nous continuons les pouvoirs accordés par Monseigneur, mais pour le temps seulement porté dans leur concession.

Et sera le présent Mandement lu au Prône des Messes paroissiales et dans les chapelles du Diocèse, le dimanche qui suivra sa réception, publié et affiché partout où besoin sera.

Donné à Paris, sous notre seing, le sceau du Chapitre, et le contre-seing du Secrétaire de l'Archevêché, le 30 juin 1848.

> JACQUEMET, Vicaire-Général Capitulaire, Archidiacre de Notre-Dame.
>
> Fr. DE LA BOUILLERIE, Vicaire-Général Capitulaire, Archidiacre de Sainte-Geneviève.
>
> L. BUQUET, Vicaire-Général Capitulaire, Archidiacre de Saint-Denis.

Par Mandement de Messieurs les Vicaires-Généraux Capitulaires,

PECQUET, Chanoine honoraire, Secrétaire.

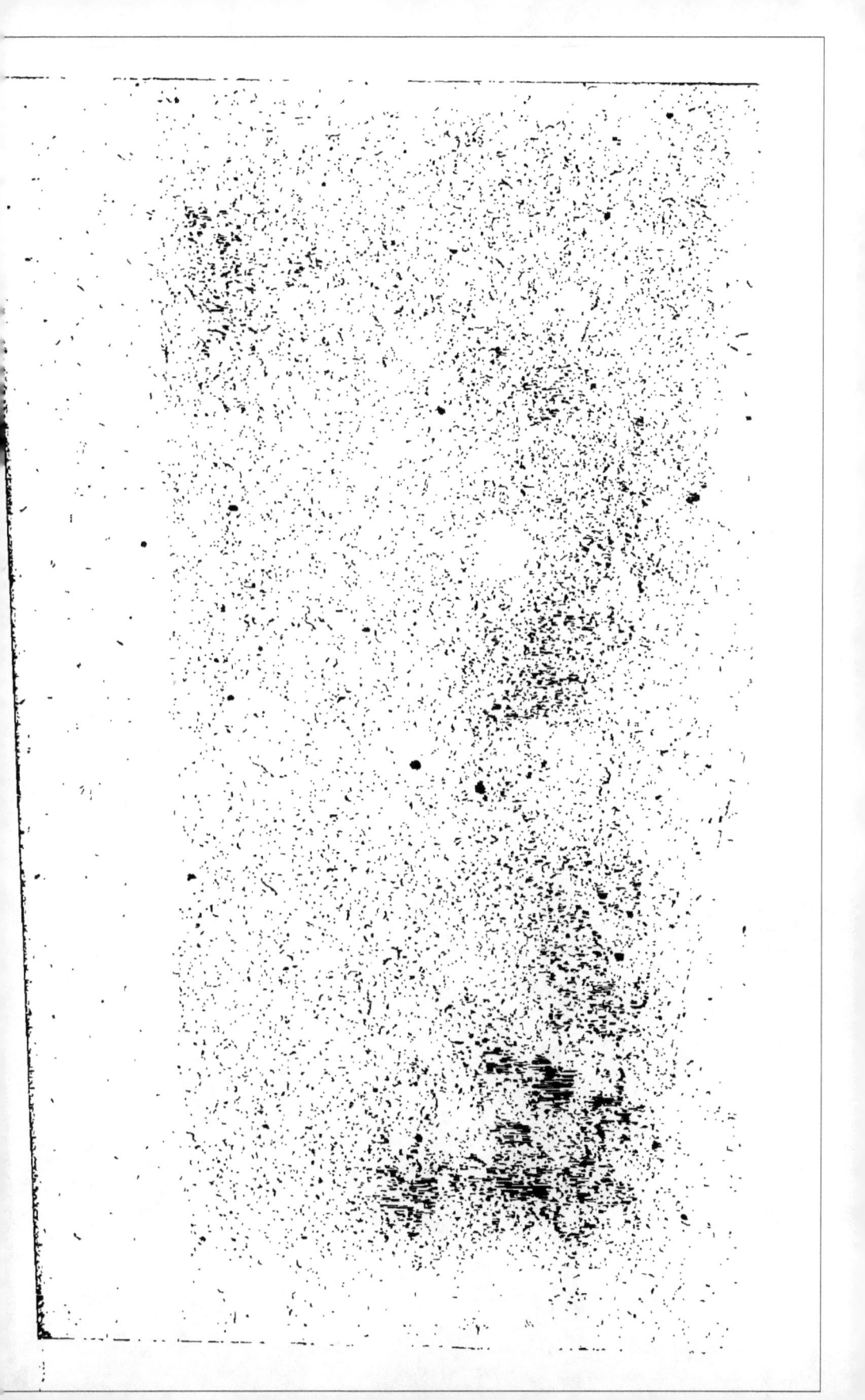

... à l'usage des ...
... à l'usage des institutions ...
... vriennes, et des écoles de filles ...
... décret du 18 ... 1860 ...
... le **Diamant du Chrétien**, ... la ...
... traduction de Sacy; les prières de ...
... de la messe, le Kyrie et ...
... monseigneur l'Archevêque de Paris ...
... vures sur acier. 1 vol. in-32 ...
... 3 fr. ...

Traité de la Perfection chrétienne ...
... **Rodriguez**, de la Compagnie de Jésus ...
... Germain, membre de l'Académie ...
... dédiée à l'usage des personnes du ...
... chanoine honoraire de Paris, directeur ...
... des Carmes. 2 beaux vol. in-8. Prix: 14 fr. ...

Bibliothèque des Légendes, publié par ... Cette bi-
-bliothèque formera 10 beaux vol. in-12. ... Chacun
des volumes est orné de 2 grandes vignettes ...
dessin, dans le genre du moyen âge. ... se vend
séparément. Prix: 5 fr. — Aucun volume ... sans
avoir reçu l'approbation de l'autorité ecclésiastique. Les volumes suivants sont en vente.

**Légendes de la sainte Vierge. — La grande ...
avant. — Légendes de l'Histoire de France ...
les Origines. — Légendes des douze Apôtres ...
les Commandements de Dieu. — Légendes des ...
Capitaux.**

Le Livre de l'Ouvrier, ses devoirs envers la Société ...
lui-même, par A. EDRON, ancien imprimeur à Paris ...
Prix: 3 fr. 50 cent.; par la poste, 4 fr. ...
Le Livre du Pauvre et du Riche, devoirs ...
de celui qui reçoit, de la bienfaisance publique ...
chrétienne, vices et vertus des pauvres et des ...
du pauvre, établissements fondés en sa faveur ...
vières, etc. Dédié à monseigneur l'Archevêque ...
A. EDRON. 1 vol. in-12. Prix: 3 fr.; par la poste ...

PARIS, IMPRIMÉ PAR PLON FRÈRES ...

www.ingramcontent.com/pod-product-compliance
Lightning Source LLC
Chambersburg PA
CBHW050017100426
42739CB00011B/2681